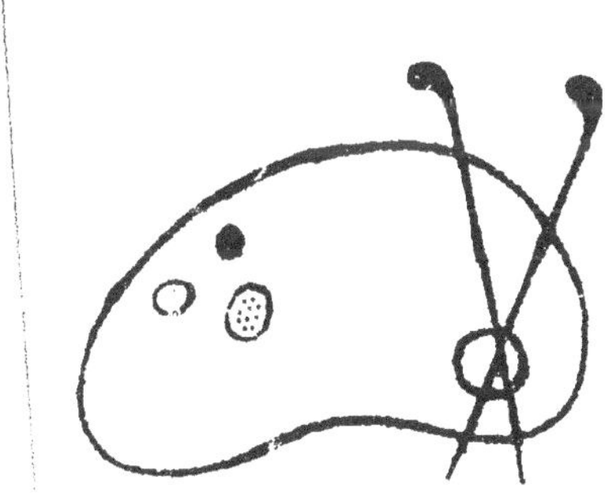

Début d'une série de documents
en couleur

Couverture inférieure manquante

LE PÈRE JOSEPH ET RICHELIEU

LA DÉCHÉANCE POLITIQUE ET RELIGIEUSE DU PROTESTANTISME
ET LA PREMIÈRE CAMPAGNE D'ITALIE

(1627-1638)

PAR

G. FAGNIEZ

Extrait de la *Revue des Questions historiques*, octobre 1890.

PARIS
BUREAUX DE LA REVUE
5, RUE SAINT SIMON, 5

1890

Fin d'une série de documents
en couleur

LE

PÈRE JOSEPH ET RICHELIEU

LA DÉCHÉANCE POLITIQUE ET RELIGIEUSE DU PROTESTANTISME

ET LA PREMIÈRE CAMPAGNE D'ITALIE

LE

PÈRE JOSEPH ET RICHELIEU

LA DÉCHÉANCE POLITIQUE ET RELIGIEUSE DU PROTESTANTISME
ET LA PREMIÈRE CAMPAGNE D'ITALIE

(1627-1638)

PAR

G. FAGNIEZ

Extrait de la *Revue des Questions historiques*, octobre 1890.

PARIS
BUREAUX DE LA REVUE
5, RUE SAINT SIMON, 5

1890

LE PÈRE JOSEPH ET RICHELIEU

LA DÉCHÉANCE POLITIQUE ET RELIGIEUSE DU PROTESTANTISME ET LA PREMIÈRE CAMPAGNE D'ITALIE

1627-1638

Avant de devenir chez le cardinal-ministre un dessein arrêté, l'idée de prendre La Rochelle et de détruire l'organisation politique des Huguenots avait été pour l'évêque de Luçon l'un des rêves le plus chèrement caressés dans ses entretiens avec le Père Joseph [1]. Dès leur première rencontre, en 1611, ils échangeaient la promesse de se vouer avec ardeur à cette entreprise, si Dieu leur en donnait les moyens. Est-ce donc que l'œuvre de pacification religieuse qui fait tant d'honneur à Henri IV fut caduque à ce point, dès le lendemain de sa mort, qu'on put en prévoir et en méditer la ruine ? ou bien, en s'encourageant réciproquement à cette tâche comme à un des plus dignes emplois du pouvoir auquel Richelieu se sentait appelé, les deux amis méconnaissaient-ils la solidité et l'avenir de la charte à l'abri de laquelle vivait le protestantisme, se mettaient-ils en contradiction avec l'opinion de leur temps, obéissaient-ils à un étroit fanatisme ?

Il faut se rappeler d'abord que l'édit de Nantes n'avait, dans sa partie politique, qu'un caractère provisoire. A le prendre même dans son ensemble, il n'était pas, aux yeux de son auteur,

[1] Lepré Balain, *Supplément à l'histoire*, année 1627. Fontenay Mareuil, *Relation du siège de La Rochelle*, etc. (coll. Michaud et Poujoulat, p. 184.) « ..... che il card. duca m'haveva piu d'una volta detto che sin quando era vescovo di Lusson, haveva discorso e praticato col P. G., suo caro amico sin da quel tempo l'impresa della Rocella e la rovina degl' Ugonotti. » Noailles au P. Joseph. Rome, 8 déc. 1636. *Inédit. Traité de la méthode pour convertir les hérétiques*, cité par Griffet, I, 623.

le régime qui devait régler définitivement les rapports des deux religions, mais un *modus vivendi* destiné à réconcilier la majorité et la minorité de ses sujets, à préparer leur fusion sociale et religieuse. Tout en étant résolu à rester fidèle à la lettre de ses stipulations, il se promettait de l'appliquer dans un esprit favorable aux catholiques et de façon à diminuer peu à peu le nombre des dissidents [1].

En rendant l'édit, Henri IV avait consulté la magnanimité de son cœur plutôt que le vœu de l'opinion. Au lieu de la suivre, comme cela doit se passer d'ordinaire, il avait avec raison considéré que son devoir d'homme d'État consistait ici à la devancer. L'apaisement qu'il en attendait ne s'était guère produit. Les parlements, gardiens obstinés de l'orthodoxie autant que des vieilles libertés gallicanes, ne l'avaient enregistré qu'avec une grande répugnance. Le contact des sectateurs des deux religions amenait des scandales, des profanations qui dégénéraient en scènes de violence. Un incident insignifiant provoquait souvent un mouvement populaire : la populace courait au temple, le démolissait, comme elle fit à Charenton et à Tours, déterrait les cadavres des huguenots inhumés en terre sainte. Les autorités se déclaraient quelquefois impuissantes à protéger les calvinistes contre la répétition des massacres du 24 août 1572 [2]. Dans une population sédentaire, peu accessible aux idées du dehors, les sentiments se modifient lentement ; en 1636 le souvenir d'Alexandre Farnèse était encore vivant à Paris [3]. Les privilèges

[1] « J'aurai tel soin... à ménager l'édit que j'ai fait pour la tranquillité de mon royaume que la religion cath. en reçoive le principal et le plus assuré fruit, comme elle a bien commencé. » Henri IV au pape. Nov. 1599. Cité par Lacombe, *Henri IV et sa politique*, p. 22.

[2] « Quibus [les huguenots] etiam in multis locis et nominatim Lutetiæ, nova λουτρὰ φόνια (quomodo Euripedes commode Germanorum *Blutbadt* exprimit) imminebant ex vulgi minis, absque magistratuum pontificiarum sollicitudine fuisset, Aureliæ etiam jam gubernator, qui est comes S. Pauli, nostros monuit, prospicerent rerum suarum securitati, de qua) ob plebis furorem, ultra cavere ipsis non possit. » Nouvelles adressées de France à l'électeur de Brandebourg. 17-27 décembre 1628. Arch. secrètes d'Etat de Berlin.

[3] « Nella strada S. Jacopo occorse un caso notabile per essersi veduto ancora conservato in questa citta uno degli spiriti dell' antica santa lega, in un vecchione libraio, che mosso o dà un di que zeli di religione della pred. lega o da natura faziosa, uscito di bottega e affacciatosi alla carrozza dov' era il s. duca [de Parme] ardì di dire : « Ringraziato sia Dio, che

mêmes qui étaient la sauvegarde des protestants, les isolaient, en faisaient une classe à part, les désignaient comme un obstacle au mouvement qui entraînait le pays vers l'unité politique, vers un pouvoir fort et universellement obéi.

Firent-ils de leur côté tout ce qu'il fallait pour rendre ces privilèges acceptables, pour désarmer le fanatisme catholique ou lui laisser tous les torts ? Il faut rendre justice à la masse des réformés ; elle aspirait au repos, à un repos dont sa pacifique activité avait besoin et elle était résolue à l'acheter par beaucoup de patience et de résignation. Elle mettait toute son ambition à assurer le maintien et la prorogation de la charte qui la protégeait, à en faire réparer les infractions par les voies légales. L'acrimonie que les ministres avaient portée dans la polémique religieuse, sans disparaître tout à fait, avait beaucoup diminué ; la doctrine de l'obéissance passive, professée par le fondateur du calvinisme, avait fait parmi les dissidents de nombreux adeptes ; quelques pasteurs enseignaient même qu'on pouvait faire son salut dans l'église catholique. La haute bourgeoisie protestante, au sein de laquelle se recrutait dans les places de sûreté l'oligarchie municipale, craignait que la guerre civile ne livrât à la plèbe, dont elle entendait gronder les revendications, le gouvernement de la cité.

Si la paix avait dépendu uniquement de la majorité des huguenots, elle n'aurait donc pas été troublée. Mais que de fois l'histoire nous montre des majorités modérées et tranquilles jetées dans le désordre et conduites à leur perte par la violence et l'intrigue d'une minorité ! C'est ce qui arriva au parti protestant. Il devait être surtout la victime de l'ambition de grands seigneurs dont l'intérêt était de chercher en lui une force, jusqu'au jour où ils en trouveraient un plus grand à le trahir, et de la violence d'une populace qui semblait justifier par ses excès toutes les représailles, toutes les provocations. L'assemblée de Saumur (1611) n'offrit que le spectacle des efforts du duc de Bouillon pour ruiner Sully et se rendre arbitre entre ses coreligionnaires et la cour. L'aristocratie du parti le fit

innanzi che morire, ho pur veduto un descendente di chi ci venne a liberare dalla fame et a conservare la religione, intendo del duca Alessandro... » Gondi à Bali Cioli. Paris, 6 février 1636. *Inédit.* Arch. de Florence.

entrer dans toutes les prises d'armes de la régence de Marie de Médicis ou, en menacant de l'y faire entrer, força le pouvoir à compter avec elle. S'il resta étranger à celle qui se termina par la paix de Sainte-Menehould (1614), ce fut peut-être tout simplement parce que ses émissaires arrivèrent trop tard, trouvèrent la paix faite. L'assemblée de Nîmes vota l'union des églises avec le prince de Condé et ses confédérés, courant ainsi au devant d'un abandon facile à prévoir. Ce ne fut pas la bonne volonté qui manqua au parti pour s'associer à la levée de boucliers organisée sous le nom de la reine-mère et dont le misérable avortement ne doit pas faire méconnaitre l'importance (1619-1620.) Il se laissa entraîner, contre son sentiment presque unanime, pour défendre la situation de La Force en Béarn, dans la guerre de 1621 qui fut le point de départ de sa ruine. Il maintint, contre la défense du roi, l'assemblée de La Rochelle et dressa ce fameux *ordre général* qui fut un défi aussi téméraire qu'impuissant, puisqu'il laissait voir jusqu'où allaient ses aspirations sans lui donner la force de les remplir. Nous n'avons garde d'oublier que l'attitude hostile ou menaçante des assemblées et des grands s'autorisait d'infractions à l'édit et de l'animosité de l'opinion, mais elle était inspirée plus souvent par des intérêts étrangers à la religion et, alors même qu'elle s'expliquait par une sollicitude sincère pour celle-ci, elle lui faisait plus de mal que de bien, car elle fortifiait cette idée que l'autonomie politique qui en était la garantie était incompatible avec la sécurité publique et l'unité nationale.

Quand Richelieu arriva au pouvoir, cette autonomie avait subi de profondes atteintes. La seconde guerre civile avait fait perdre aux réformés quatre-vingt places de sûreté. La paix de Montpellier (octobre 1622) leur promettait la conservation de ce qui leur restait de leur indépendance politique et municipale mais elle les laissait aigris, comme les catholiques, par de nouveaux griefs, de nouvelles rancunes. La guerre avait naturellement déchaîné le fanatisme des uns et des autres. En 1622, la populace huguenote de Montpellier s'était ruée sur les églises et sur le clergé. Le couvent des capucins notamment avait été détruit et ces religieux n'avaient pu soustraire leurs personnes à la rage populaire que grâce à un conseiller-correcteur huguenot de la cour des comptes qui leur avait donné un asile pendant sept semaines, au risque de voir sa maison forcée [1]. En 1621, le clergé et la population catholique de Nîmes avaient dû se réfugier à Beaucaire. Les églises, les propriétés urbaines et rurales des ecclésiastiques nîmois avaient été pillées, saccagées et démolies. Une foule d'églises de la campagne avaient été occupées. La petite ville de Marguerites avait été pillée deux fois. Un grand nombre de bénéfices ecclésiastiques avaient subi le même sort. La même année, les catholiques d'Alais s'étaient mis en mesure de quitter la ville ; retenus par les assurances des consuls qui les avaient pris publiquement sous leur protection, ils avaient assisté, l'année suivante, au massacre de leurs prêtres, à la destruction de leur église [2]. Toutes les églises d'Uzès étaient en ruine [3]. Il ne serait pas difficile de relever à la charge des catholiques des violences analogues ; qu'on se rappelle seulement la destruction des temples de Charenton et de Tours. Peut-être cependant ces explosions de fanatisme avaient-elles de moins graves conséquences dans les pays catholiques, parce que l'autorité royale avait généralement plus de force pour les contenir que les municipalités des villes protestantes, plus impuissantes encore que complices. En revanche, les mesures adoptées à l'égard des protestants ne permettent guère de méconnaître le parti pris d'éluder, de restreindre les dispositions favorables de l'édit de Nantes, de s'affranchir de la générosité et de l'équité auxquelles ils avaient droit [4]. C'est cet esprit qu'on trouve dans l'exécution de la paix de Montpellier. Bien que Condé, le champion de la guerre à outrance contre les réformés, fut éloigné du gouvernement, celui-ci ne s'était pas montré aussi fidèle que leur chef aux obligations du traité. Tandis que Rohan s'était empressé de faire démolir les nouvelles fortifications, le fort Louis était resté debout et l'indépendance municipale de Montpellier avait été violée par l'introduction d'une garnison dans ses murs, par l'altération de sa constitution, bientôt par la construction d'une citadelle. Le blocus de La Rochelle, commencé depuis 1621,

[1] Arch. de l'Hérault. Fonds des capucins.
[2] Arch. du Gard. Série G, 447, 789, 1285.
[3] *Ibid.* Série G, 121.
[4] Voy. notamment Fancan, *La Rencontre d'Henri IV avec le duc de Bouillon.*

se continuait, se complétait. L'avènement de Richelieu n'était pas de nature à calmer les méfiances des dissidents, à modérer le zèle des catholiques. Son caractère sacerdotal et son passé n'étaient pas rassurants pour les premiers et, en saluant son élévation comme l'annonce du triomphe définitif de l'orthodoxie [1], les seconds, ceux du moins qui s'étaient mis à la tête d'une propagande peu scrupuleuse, augmentaient encore les inquiétudes de leurs adversaires.

Les catholiques zélés se hâtaient trop de triompher, les protestants de s'alarmer. Si les uns et les autres avaient mieux connu les sentiments du nouveau ministre, ils auraient envisagé cet événement avec plus de sang-froid. A la vérité, le régime d'exception sous lequel vivaient les huguenots était, nous le savons, condamné dans son esprit, mais il n'éprouvait pas à l'abolir l'impatience qui animait tant de gens autour de lui. Il pensait, et il n'était pas le seul à le penser, que la paix pouvait leur faire plus de mal que la guerre [2], car la guerre ranimait leurs forces en déclin, tandis que la paix permettait de les affaiblir sans péril par la corruption et l'application judaïque de l'édit. Quand, après la mort du connétable de Luynes, la reine-mère avait recouvré le droit de donner des avis sur les affaires de l'État, Richelieu lui avait fait soutenir au conseil un système de paix à l'intérieur, de vigilance et d'énergie au dehors. Et ce n'était pas seulement pour combattre l'influence de Condé [3], rival politique de la reine, qu'il l'avait fait, c'était aussi par conviction. Par patriotisme il répugnait à rouvrir une lutte fratricide, il préférait en laisser la résponsabilité aux protestants. Il inaugurait une politique de résistance contre la maison d'Autriche, il rompait dans la région alpestre la ligne de positions fortifiées que l'Espagne était en train de former depuis cette région jusqu'au bas Rhin, il n'hésitait pas, pour atteindre les Espagnols, à attaquer le Pape derrière lequel ils essayaient de se dissimuler. Ce fut au milieu de ces préoccupations que le coup de main de

[1] Le président Le Masuyer à Richelieu. Toulouse, 18 mai 1624. *Inédit.*

[2] « ..... que l'on devoit d'autant plus se porter à pacifier les affaires du dedans que l'on avoit même des expediens pour ruiner par la paix le parti huguenot. » *Mém. de Richelieu*, I, 357, col. 2.

[3] Voy. *L'Avènement de Richelieu au pouvoir et la fondation du Calvaire.*

Soubise le surprit. Soubise et son frère Rohan sentaient que le siège de La Rochelle était résolu et, pour l'empêcher, ils ne reculèrent pas devant le reproche d'entraver une politique favorable à la cause protestante en Europe [1]. Les circonstances rendaient fâcheuse pour Richelieu une agression dont peut-être en d'autres temps il se serait félicité. Toute l'année 1625 fut remplie pour lui par de pénibles perplexités, par de redoutables compétitions. Ces perplexités et ces compétitions portèrent sur la question de savoir si le moment n'était pas venu d'engager contre les Huguenots la lutte décisive qui devait les ranger sous la loi commune. La tentation de le faire était puissante, les raisons spécieuses. L'opinion publique était extrêmement irritée par la provocation, en apparence gratuite, de Soubise, le clergé avait accordé en vue de la guerre religieuse un don gratuit de 500,000 écus, les États de Bretagne promettaient de l'argent, des hommes et des vaisseaux, les grands faisaient assaut de bonne volonté, traçaient le plan d'attaque de La Rochelle et le plan de campagne dans l'ouest et le midi [2]. Certains membres du gouvernement

[1] L'entreprise de Soubise contre Blavet a été faite « pour arrêter les effets de ses armes [du roi] glorieuses à la Valteline, Ligues grises et en Flandres au siège de Bréda, sans lesquelles les Espagnols et archiduc eussent fait des progrès préjudiciables au bien de la chrétienté et aux provinces qui font profession de votre religion... » Le Masuyer aux consuls de Millau. Toulouse, 19 février 1625. Arch. municipales de Millau, CC. 123. « ..... Je suis assuré que vous ne voudriez consentir aux troubles de l'Etat pendant que le Roi emploie ses forces... pour ceux qui professent même religion que vous soit par la guerre de la Valteline, relief de l'oppression des Grisons que pour le mariage d'Angleterre... » Le même aux mêmes. Toulouse, 27 janv. 1625. *Ibid.*

[2] « ..... si ha combattuto questi passati giorni grandemente l'animo del card. Rich. per farlo rissolvere anch' egli ad una dichiaratione aperta di guerra contro i med. Ugonotti ; quelli che hanno adoprato e s'adoprano per questo effetto non solo con lui ma con queste Maesta... sono li dipendenti di Roma e di Spagna, li mal contenti di questo regno, quelli che di fortune rovinate non sperano di rissorgere, che col maneggio del denaro regio et con l'impiego delle proprie persone, li popoli commossi da prediche de Gesuiti e da altre simili genti, gli Parlamenti disgustati sommamente di questo ultimo tentativo di Sobisa e de Roscellessi et il clero..... le ragioni, che adducono questi, se non sono a dimostrative e reali, sono pero grandemente verisimili..... adducono..... che la Roscella è il seminario de ribelli, l'asillo di seditiosi..... che mai principió seditione che per quella parte..... Poi per capo di riputatione procurano di eccittare il Re, dimostrandogli come male couvenghi pattuire con sudditi..... Vi aggiongono..... la consideratione politica et che riguarda lo stato, dicendo che tutti i popoli sono alterati fuori di modo contro gli Ugonotti..... che non sarà mai assoluto

y étaient favorables ; à leur tête était Schomberg, l'homme de Condé, qui, éloigné du pouvoir, guettait toujours le moment d'y rentrer [1]. L'ambassadeur d'Espagne travaillait à faire de ce surintendant capable et laborieux, mais sans caractère et sans étendue d'esprit, le successeur de Richelieu [2] et sa promotion au maréchalat était considérée comme le présage de cette révolution ministérielle. Richelieu fut ébranlé un instant par ces considérations, par ces influences, par ce péril. Il finit cependant par se soustraire à cet entraînement. Il s'arrêta à l'idée de donner la paix aux huguenots, mais cette paix, au sujet de laquelle il se mettait en lutte avec les catholiques zélés, il voulut qu'elle ne coûtât rien à la dignité du roi, qu'elle ne modifiât rien aux dispositions prises en vue du siège de La Rochelle [3], dont la

signore ne atto ad intraprendere contro l'inimico commune, se non si leva dal fianco l'inimico intestino e particolare..... Rappresentano gli Ugonoti debolissimi, senza consiglio, senza forze et senza capi et gli Roscellesi in stato d'esser assediati e ridotti al dovere con poco spesa e manco fatica ; il clero ha contribuito 500,000 scudi per questo rispetto ; un forte dirimpetto a quello di S. Luigi et un altro alla bocca del canale dicono che sono sufficienti a far l'effetto : il Targoni s'offerisce di fabricarli a proprie spese, quando, doppo la riuscita dell' impresa, se gli promitti rimborso; la provincia di Bretagna s'obliga di dar vascelli, gente e denari, se si rissolve a Roscellesi la guerra ; il Pernone assicura di tenere, con 4,000 fanti ch'egli ha, in freno tutti gli Ugonotti del suo governo et in spavento la piazza di Montalbano ; il marescial di Temines promette di difender la Linguadocca e di non lasciar sortire il duca di Rohano da Castres per succorrere gli assediati ; l'amiraglio Mimoransi, con l'armata di mare, dice d'esser in stato di levar il soccorso alla Roscella e di affamarla, Toras et il marescial di Pralins nell' isole novamente acquistate di Rhetz e d'Oleron fan fortificare i luochi piu capaci di difesa..... » Morosini au doge. Poissy, 12 nov. 1625, *Inédit.*

[1] « ..... et è caduto a proposito l'essersi stampata et venduta publicamente una lettera del principe di Conde scritta a S. M. in risposta dell' aviso datogli delle rissolutioni prese nel gran consiglio, la quale mando con questo per cho Vostra Serenita possi scorgere l'artificio di questo prencipe et il dissegno, che è sempre il medesimo, di riddurre le cose straniere il negotio et questo del regno alla guerra : hora io mi son valso con il card. di questa lettera..... » Même dépêche.

[2] Mirabel à Philippe IV. 19 novembre, 11 décembre 1625. *Inédit.* Fonds de Simancas.

[3] C'est principalement cette résolution qui ne permet pas d'attribuer à Richelieu le mémoire publié par M. S. Rawson Gardiner (*Revue hist.* I, 228) et dont l'auteur fait si bon marché des fortifications construites autour de La Rochelle. Nous avons nous-mêmes accepté l'origine attribuée à ce mémoire par M. Gardiner, mais aujourd'hui nous croyons y reconnaître la plume de Fancan. Sans insister sur cette question, nous nous contenterons de rapprocher les termes dans lesquels il y est parlé du fort Louis de la phrase

nécessité était devenue plus évidente encore, dont le moment ne pouvait pas être bien longtemps reculé. Soutenu par la reine-mère, par les représentants des cours alliées, intéressées à ne pas voir la France négliger leur protection pour s'engager dans une guerre civile, il triompha de la cabale qui menaçait à la fois sa politique et sa situation, intimida Schomberg, lui imposa ses vues et, à la suite d'une victoire navale et de la prise des îles de Ré et d'Oleron, fit accorder la paix aux Huguenots, sans autre concession qu'une promesse verbale et équivoque au sujet du fort Louis (5 février 1626). Quelque temps après (mars-mai), il se dégageait, au prix de certains sacrifices, des complications où nos hostilités indirectes avec l'Espagne auraient pu l'entraîner.

C'est contre La Rochelle et les protestants qu'il se proposait d'employer la liberté d'action que la paix de Monçon venait de lui donner. L'entreprise contre La Rochelle devint pendant un an sa grande préoccupation, sa grande affaire. L'investissement se compléta par l'occupation de la pointe de Coreille, par la construction de deux forts dans l'île de Ré, les forts de St-Martin et de la Prée, par la concentration de forces militaires, par l'approvisionnement du fort Louis et l'augmentation de sa garnison, par la capture ou le blocus des vaisseaux rochelois, par la dévastation de la campagne d'où la ville tirait une partie de sa subsistance. C'est aussi par ce dessein que s'expliquent bien des mesures qui ne paraissent pas s'y rapporter : c'est à cause de lui que le cardinal se fit conférer, sous le nom de la reine-mère, le gouvernement de Brouage, qu'il aspira à lui donner une étendue de 200 lieues de côte, qu'il fit supprimer l'amirauté et la fit remplacer par la charge de grand-maître et surintendant général de la navigation dont il fut le titulaire, qu'il fit adopter par les notables un vœu en faveur de la création d'une marine nationale qui dispenserait de solliciter le concours plus ou moins empressé des nations maritimes [2], c'est en vue de ce des-

suivante du *Miroir du temps passé* (1625), pamphlet qui a Fancan pour auteur : «... la cabale etrangere.... qui veut que tout l'honneur du roi est attaché au fort de La Rochelle et non à protéger nos alliés en Italie et en Allemagne. »

[1] La municipalité de la Rochelle aux consuls de Millau. 19 mars 1625. Arch. municipales de Millau.

[2] « Sono i suoi fini [en se faisant nommer grand maître de la navigation]

sein, non moins que pour éloigner du roi un favori redouté, qu'il fit donner à Toiras le gouvernement de l'île de Ré et du fort Louis. Toutes ces mesures ressemblaient à des provocations mais elles étaient justifiées, au point de vue national, par l'hostilité croissante des Anglais. Grâce à la folle agression de Buckingham, qui, en débarquant dans l'île de Ré, le 22 juillet 1627, songe moins à sauver ses coreligionnaires français de la ruine qu'à faire de La Rochelle une ville anglaise, à entraver, de la Gironde à la Loire, le commerce français, à rétablir peut-être la domination britannique dans nos provinces du Sud-Ouest, grâce à cette intervention de l'étranger dans nos affaires intérieures, l'entreprise de La Rochelle perdra le caractère odieux d'une guerre civile déchaînée par la royauté contre des sujets obéissants, elle deviendra une guerre nationale, car les Rochelois, malgré leurs hésitations patriotiques, seront entraînés à se jeter dans les bras des Anglais.

En réalisant le vœu de l'opinion catholique, si passionnée contre les dissidents, Richelieu espérait la rallier à lui et fortifier son gouvernement. La masse orthodoxe du pays ne lui marchanda pas, en effet, ses applaudissements, mais de ce qu'on pourrait appeler l'état-major du parti, de la coterie des Bérulle et des Marillac, il n'obtint qu'une approbation chagrine. Entre ce parti et lui il n y avait pas de place pour une entente durable, pour une vraie sympathie ; d'un côté, la chimère de la politique confessionnelle ; de l'autre, la conception de l'Etat, fils respectueux et reconnaissant de l'Eglise, lui laissant la direction morale du pays, mais indépendant dans ses rapports avec des citoyens dissidents comme avec l'étranger ; il y avait là l'origine d'un incurable malentendu. Obligés de s'incliner devant le génie et l'autorité de Richelieu, les « zélés » détestaient en lui l'homme qui raillait leur foi aveugle dans les révélations et les miracles, l'abus presque sacrilège avec lequel ils mêlaient la Providence aux affaires humaines. Conduite par lui, ils le savaient, la guerre contre le parti protestant n'aboutirait jamais à

d'armarsi in mare per non ricorrer piu a Inglesi et Olandesi.... et per sorprender una volta la Rocella... il disegno piu che si puo vien tenuto celato, ma in fatti tutte le linee tendono a questo centro. » Sorzi Sorzi au doge. Paris 19 mars 1627. *Inédit.* Voy. les autres dép., également inédites, du même, en date du 29 septembre et du 31 décembre 1627.

la persécution religieuse ; si elle était couronnée de succès, elle le rendrait plus fort contre l'Espagne qui, à leurs yeux, restait le vrai champion de l'orthodoxie et au profit de laquelle ils rêvaient la monarchie universelle [1].

Si l'entreprise ne causa pas à ces ligueurs attardés une satisfaction sans mélange, elle souleva l'opposition déclarée des héritiers de ces « politiques » auxquels Henri IV avait en partie dû sa couronne. Plusieurs d'entre eux furent jetés à la Bastille. De ce nombre furent Fancan, leur organe le plus remarquable et ses deux frères, Dorval et Langlois, le ministre protestant La Miletière, les marquis de Montpinçon et de Bonnivet [2]. S'il fallait en croire un pamphlétaire qui fut en communauté d'idées avec le parti frappé [3], Fancan aurait été surtout victime de la jalousie et de la haine du Père Joseph qui aspirait à le supplanter dans la confiance intime du cardinal. Mais le caractère de Mathieu de Mourgues affaiblit beaucoup la portée de cette imputation, comme de toutes celles qu'il a dirigées contre Richelieu et le Père Joseph et qui souvent, d'ailleurs, se détruisent elles-mêmes par leur exagération. Autant il serait intéressant pour l'histoire des évolutions et des auxiliaires de Richelieu, de connaître toutes les causes de la disgrâce de Fancan, autant il est difficile d'expliquer complètement un événement, qui, pour les contemporains déjà [4], était mystérieux. Il a fallu que le vigoureux écrivain blessât au vif Richelieu pour lui inspirer la page [5] virulente que celui-ci lui a consacrée. C'est évidemment la passion qui l'a dictée, mais, même en faisant la part de l'exagération, il y a encore assez dans ces récriminations pour permettre d'affirmer que Fancan ne fut pas simplement victime de deux libellistes obscurs, Drion et Marcel, comme l'a cru le résident de Savoie [6]

[1] Fontenay-Mareuil, coll. Michaud et Poujoulat, p. 202-203.

[2] *Journal de Richelieu*, 204-205, 207. *Mém. de Richelieu*, I, 452. Sur Fancan voy. l'ouvrage de Gelley.

[3] Sur Mathieu de Mourgues voy. le livre de M. Perroud.

[4] Témoin les conjectures de l'ambassadeur vénitien Zorzi Zorzi au doge. Paris, 11 juin 1627. *Inédit.*

[5] *Mémoires*, I, 452.

[6] Biandra au duc de Savoie. Paris 22 juin 1627. *Inédit.* Arch. de Turin, Mazzo 29. L'un des frères de Fancan, Dorval, sortit presque aussitôt de la Bastille. Le même au même. 25 juin 1627. *Inédit.* Sur Drion et Marcel voy. Avenel II, 240 n. 2. « Autre lettre du 14 juin trouvée en la poche dud.

ni, comme l'écrit le résident hollandais Boetzelaer [1], celle des Jésuites, du P. Suffren et du nonce Spada, que ce ne fut pas seulement son opposition politique qui le conduisit à la Bastille, mais ses intelligences avec les protestants et ses intrigues dans la famille royale. Le portrait tracé par Richelieu a certainement été chargé, mais il n'est pas de fantaisie. Fancan fut-il aussi *libertin*, aussi libre penseur, comme nous dirions aujourd'hui, et aussi républicain que Richelieu nous le représente? Ses écrits de circonstance n'autorisent pas à le croire, mais en l'envoyant à la Bastille, Richelieu ne voulut pas seulement s'assurer du silence d'un opposant d'autant plus redoutable que c'était un officieux de la veille, il voulut aussi rendre impuissant un brouillon, un intrigant, peut-être un conspirateur. Le Père Joseph fut-il pour quelque chose dans l'infortune de Fancan? Aucun contemporain, sauf Mathieu de Mourgues, ne le mêle à cet événement. Ce qu'il y a de certain, c'est qu'en cette circonstance, Fancan et lui défendirent auprès de Richelieu une politique toute opposée. Le premier s'opiniâtra à méconnaître la nécessité d'en finir avec l'organisation politique des protestants; le second, qui était cependant déjà connu comme aussi « bon Français » que personne [2], se trouva d'accord avec Richelieu sur l'opportunité de cette entreprise.

Il pensa aussi, contrairement à l'avis du conseil, que le roi devait faire le siège en personne et le cardinal partagea son opinion. C'était par un blocus qu'on pouvait, selon le capucin, devenir maître de La Rochelle et il était d'accord en cela avec le sentiment général; sans être écartée d'une façon absolue, l'idée d'une attaque de vive force paraissait avoir peu de chances de succès.

Mais un blocus pouvait être long et Richelieu, comme le Père Joseph, se flattait de l'espoir de prendre la ville par surprise.

La Miletiere. Le dit s[r] de Rohan luy mande qu'il s'estonne bien que M. le card n'aye eu le pouvoir de protéger l'innocence de Fancan, si elle est telle qu'il luy mandoit.... » Inventaire des papiers saisis chez La Miletiere. *Inédit*. Pays-Bas. Suppl. II. *Mém. de Richelieu*, I, 510.

[1] Boetzelaar aux Etats généraux. 13 juin 1627. *Inédit*. Arch. roy. de La Haye.

[2] «... da un capucino assai buon Francese detto il P. G., famoso non so se per bontà di vita o pur per possedere non poco il suo [de Richelieu] genio... » Zorzi Zorzi au doge. 7 octobre 1628. *Inédit*.

Les divisions de la population autorisaient cet espoir ; non seulement parmi les trois mille catholiques [1] qu'elle comptait, mais même dans la haute bourgeoisie protestante, en possession du gouvernement municipal, menacée de se le voir enlever ou par le roi vainqueur ou par la plèbe soulevée [2], il était facile de nouer des intelligences, de trouver les auxiliaires d'un coup de main. Ce n'était pas du jour où les troupes royales étaient venues camper devant La Rochelle qu'on avait songé à rendre un siège inutile par une trahison. Depuis 1621 [3], la lutte était engagée entre la monarchie unitaire et la métropole républicaine du protestantisme de l'ouest, fière de ses antiques privilèges, de son commerce, de sa marine qui éclipsait la marine royale. En 1622, le Père Joseph avait étudié le terrain en vue d'un siège qu'il croyait plus prochain. Dans la seconde moitié de l'année 1624, il avait cherché, par l'intermédiaire d'un certain Brossier, protestant converti, à gagner le capitaine de la tour de la Chaîne [4], nommé Torterue. Celui-ci s'était montré disposé, moyennant une récompense élevée, à livrer le poste qui lui était confié. En partant pour Rome (mars 1625), notre capucin avait chargé son frère, Charles du Tremblay, de poursuivre cette négociation, mais elle ne put atteindre son but à cause des soupçons éveillés par les entrevues de Brossier avec Richelieu et Toiras [5]. L'année précédente, un jeune homme appartenant à l'une des meilleures familles rocheloises, Vincent Yvon, avait traité avec le gouverneur du fort Louis, Pierre Arnaud, pour lui livrer un point de l'enceinte [6]. En 1626, un certain Paul Le Cercler, sieur de La Touche, frère du principal ministre de La Rochelle, La Chape-

[1] Estimation du P. Joseph.

[2] «... à cause du petit peuple qui etoit en perpétuelle contestation avec les plus grands pour avoir le dessus... » Fontenay-Mareuil p. 213, col. 2. « Il popolo piu minuto della R. sgrida e tumultua in modo che gli migliori non han modo di essequire. » Morosini au doge. Fontainebleau, 31 août 1625. *Inédit.*

[3] « Il nous tarde de voir la réduction de cette place et l'espérance qu'on nous donne que, celle-cy rendue, la Rochelle ne fera pas de grande résistance... » Nouvelles écrites du camp devant Saint Jean d'Angely. 1er juin 1621. *Inédit.* Bibl. Inguimbert à Carpentras.

[4] Cette tour commandait, avec la tour Saint-Nicolas, le port de La Rochelle.

[5] Requête de Brossier au roi. *Inédit.*

[6] Dupont, *Hist. de La Rochelle*, p. 323.

lière, vint tout exprès à Rome, pour communiquer au pape un moyen infaillible de prendre la ville [1].

Pendant le siège, les tentatives de ce genre se multiplièrent, surtout à mesure que les privations et les souffrances augmentaient le nombre des partisans d'une capitulation. Le résident de Savoie parle d'un anglais qui révélait aux assiégeants tout ce qui se passait dans la ville et au conseil, et dont la trahison fut découverte [2]. Un gentilhomme protestant, le sieur de Larinville, signala aux assiégeants un lieu favorable à une surprise [3]. Un capucin, qui cachait sous le nom du Père Athanase l'illustration de la famille parlementaire des Molés, dirigeait dans le camp un véritable service d'espions et il faut probablement considérer comme un de ses émissaires ce Père Cyrille qui, enfermé dans la ville, informait Richelieu des effets des batteries royales [4]. Il faut ajouter que les fréquentes communications entre les assiégeants et les assiégés n'avaient pas toujours pour but de révéler aux premiers les secrets et les points faibles des seconds. L'entreprise comptait beaucoup d'adversaires parmi ceux qui y concouraient et, pour l'entraver, plus d'un n'hésitait pas à entrer en rapport avec les Rochelois.

Le Père Joseph quitta Paris le 5 octobre [5] 1627 et, passant par la Touraine, arriva à La Rochelle vers le même temps que le roi, c'est-à-dire le 15 octobre environ. Bien que l'armée royale campât déjà devant la place, bien que les hostilités fussent déjà engagées, le siège ne pouvait sérieusement commencer tant que le sort de l'île de Ré, où les Anglais étaient descendus le 22 juillet, n'était pas décidé. La garnison du fort de Saint-Martin de Ré, assiégé par Buckingham, venait d'être ravitaillée, mais

[1] Marquemont à Richelieu, 27 juillet 1626. Le même au même, 12 août 1626. *Inédit.*

[2] Biandra à Charles-Emmanuel. Paris, 23 juin 1628. *Inédit.*

[3] Aug. Du Puy à son frère Bourgueil. 23 mars 1628.

[4] Richelieu au roi. 24 déc. 1627. Avenel, II, 768. Le maréchal de Marillac à Bouthillier. Du camp devant La Rochelle, 12 oct. 1628. *Inédit.* «... car parmi eux [les Rochelois] ils ont des faux frères qui sortent et donnent des avertissements...,Du Puy à l'un de ses frères. Niort, 2 mars 1628. *Inédit.*

[5] La date du jour nous est fournie par Lepré Balain, *Biographie*, fol. 324. Dans une lettre à Cezy datée du camp devant La Rochelle et du 20 mars 1628, le P. Joseph se contente de dire : «.... depuis le mois d'octobre j'ai demeuré en cette armée. »

Toiras qui la commandait réclamait une armée de secours de cinq ou six mille hommes. Cette demande soulevait des objections : fallait-il, pour sauver Ré, affaiblir l'armée qui bloquait La Rochelle, compromettre peut-être le succès du siège de cette place, et ne suffisait-il pas de donner à Toiras les moyens de prolonger sa résistance jusqu'à ce que la rigueur de la saison forçât les Anglais à se retirer ? Et puis quelle difficulté et quelle témérité, ce semble, de transporter dans l'île un corps de troupes aussi important, pourvu de vivres, d'objets de campement, etc., qu'il faudrait renouveler ! Richelieu s'y décida pourtant [1]. Le Père Joseph, logé avec lui au Pont de Pierre, lui persuada de jeter dans l'île un millier d'hommes, en attendant le corps principal, et de se rendre lui-même à Oleron pour former ce corps et préparer son embarquement [2].

On n'attend pas de nous le récit du siège de La Rochelle. Mais dans cette entreprise collective, il y a une part qui revient au Père Joseph et c'est cette part que nous devons mettre en relief. A ce point de vue, il y a trois choses qui doivent nous occuper : l'organisation, la discipline, l'état moral du camp ; les projets ou les tentatives de surprises et d'attaques de vive force ; l'influence du capucin sur Richelieu.

L'un des problèmes que celui-ci eut à résoudre — et ce n'était pas le moins difficile — fut de faire vivre pendant quinze mois, sans que le pays put en souffrir, une armée de vingt-cinq mille hommes. Il le résolut, grâce à ce soin et à cette intelligence des détails qui comptaient parmi ses plus précieuses qualités : les soldats furent employés à la construction de la digue et intéressés par le paiement à la toise au prompt achèvement du travail, la solde fut augmentée et payée par des commissaires, ce qui empêcha les détournements dont les capitaines se rendaient coupables, supprima l'abus des passe-volants et permit chaque semaine de contrôler l'effectif. Le cardinal fit livrer par les principales villes du royaume des vêtements chauds qui contribuèrent à rétablir la santé des troupes atteinte par l'insalubrité des marais qui entourent la ville. Le soldat fut abrité sous des huttes en planches, la maraude fut inconnue ou extrêmement

[1] *Mémoires*, I, 468.
[2] Lepré Balain, *Biographie*, fol. 324. *Mém. de Richelieu* I, 476.

rare, les paysans confiants apportèrent des vivres qui leur étaient exactement payés, et dont l'abondance rendit la vie plus économique qu'elle ne l'était à Paris, le camp ressembla à une foire [1]. Cette discipline ne fut pas due seulement à la fermeté de Richelieu, à son autorité, attestée par l'éclat extérieur dont il s'entourait [2], à sa sollicitude pour le bien-être des troupes, elle n'eut pas seulement un caractère matériel ; le laisser-aller moral qui accompagne la vie des camps fut banni de celui là : plus de débauches ni de blasphêmes, les loisirs du blocus étaient en partie remplis par des exercices de piété, les soldats purent être comparés à « des religieux qui auraient porté les armes. » Ce perfectionnement moral ne fut pas moins efficace que le bien-être physique pour maintenir la cohésion, l'activité, l'entrain contre l'action dissolvante à laquelle sont toujours exposées des troupes qui ne se battent pas. Il fut obtenu et entretenu par les religieux qui avaient accompagné l'armée pour prendre possession de La Rochelle et qui, en attendant, rivalisaient de zèle pour soigner et catéchiser le soldat. Au premier rang se distinguaient le Père Joseph et ses capucins. Voués au ministère d'aumôniers des armées, on trouve déjà les capucins au fort Louis, dans la citadelle de St-Martin de Ré, assistant les malades et les blessés, administrant les mourants, prêchant la garnison [3]. Il existe une relation qui met en scène la piété naïve et sommaire des troupes, la fraternité que la communauté des épreuves et des périls établit devant l'ennemi entre l'homme d'épée et l'homme de Dieu. Elle nous montre les soldats se rangeant en bataille pour pénétrer par une porte que les pétardiers s'apprêtent à faire sauter, six capucins sont là, envoyés par le Père Joseph. « Demandez-vous pardon à Dieu de vos péchés ? » crient-ils aux soldats. — « Oui et de bon cœur, » répondent ceux-ci d'une seule voix et ils reçoivent l'absolution [4].

[1] *Mémoires de Richelieu*, I, 513, 2. 539. *Mém. de Fontenay-Mareuil*, 197, 2. 208. *Mercure Français*, XIV, 592. 632.

[2] «... le cardinal est là tout puissant... sa despense est très grande et n'y a jour qu'il ne despense plus de mil francs... » Lettre précitée de Du Puy.

[3] Lettre du Père Louis de Champigny au gardien du couvent des capucins des Sables d'Olonne. 10 août 1627. *Inédit.* Marcellino de Pise, *Annales ordinis Minorum capucc.*, III, 745.

[4] *Arch. hist. de Saintonge et d'Aunis*, VI.

Les circonstances dans lesquelles cette scène se produisit se rapportent à l'une des tentatives faites pour prendre la ville par surprise [1]. Il y en eut au moins trois. L'une consista à la pétarder par le canal qui y entre et forme le port ; une autre fut dirigée contre le fort de Tadon qu'on avait eu le tort de laisser occuper par l'ennemi au début du siège ; la troisième eut pour objectifs à la fois la porte St-Nicolas, une grille par laquelle passe une petite rivière, et la porte de Maubec. Elles échouèrent toutes trois [2]. On songea aussi à couper les aqueducs qui amenaient l'eau aux assiégés et à introduire des troupes par un égout. Le Père Joseph s'occupa de l'exécution du premier de ces deux projets [3] et ce fut lui qui conçut le second [4].

Le capitulation de La Rochelle est considérée par l'histoire comme la récompense de la persévérance de Richelieu plus encore que de ses mesures. Sans vouloir ébranler cette tradition, il faut dire pourtant qu'il eut un jour de découragement et de défaillance, que l'obstination des assiégés, la malveillance agissante de la reine-mère et de son entourage, les nouvelles alarmantes de l'étranger lui donnèrent la tentation de lever le siège, d'en laisser du moins la direction à un autre [5].

[1] « Dicunt inter Regios deliberari de generali urbis oppugnandæ modo. » L'agent de l'électeur de Brandebourg à l'électeur. 8/18 avril 1628. Arch. secrètes d'Etat de Berlin.

[2] Aug. Du Puy à son frère. Bourgueil, 23 mars 1628. Houssaye, *Bérulle et Richelieu*, 283-284. *Relation véritable*, etc. *Mém. de Richelieu*, I, 518-522.

[3] *Mém. de Bassompierre*, éd. Chantérac, III, 371 et la note.

[4] Nous n'avons pas tenu compte du rôle ridicule prêté au P. Joseph par l'auteur des *Mémoires de Pontis*. Ces mémoires ne sont qu'un roman historique comparable à ceux qui sont sortis de la plume de Courtilz de Sandraz. C'est ce que M. Tamizey de Larroque a pris la peine de démontrer dans un mémoire où brille l'érudition solide, alerte et aimable à laquelle il nous a habitués. *Quelques notes sur Jean Guiton...* (Extrait de la *Revue d'Aquitaine*.)

[5] Houssaye, *Bérulle et Richelieu*, 285. « Il Re... passò col card... parole molto vive et risentile. La conditione del campo regio... adesso è miserabile, gl'amalati sono infiniti, gl'hospitali non bastano, il male tende al contagioso et i morti ogni di multiplicano, onde.... non è meraviglia che il Re voglia partire et che il card. pensi ad altra rissolutione, della quale fino al stabilimento, hor sotto un pretesto, hor sotto un altro, dissegli egli trattenerlo e di portar i tempi inanzi quanto le sara possibile. » Ce serait de se décharger de l'entreprise sur le duc d'Epernon, qui serait nommé connétable, le duc de La Valette épousant la marquise de Combalet. Zorzi Zorzi au doge. Paris 7 janvier 1628 (n. s.). *Inédit.* Ital. 1789. L'ambassadeur vénitien

Ce fut le Père Joseph qui l'en empêcha[1].

Celui-ci faillit ne pas assister au triomphe auquel il n'avait jamais cessé de croire : une maladie grave le mit aux portes du tombeau ; le nonce Bagni, celui de tous les agents du St-Siège qui pénétra et apprécia le mieux sa valeur, reçut sa confession et lui donna la bénédiction apostolique. Il échappa cette fois encore à la mort, entra dans la ville le jour de la Toussaint et y édifia un couvent de son ordre sur un terrain qu'il tenait de la libéralité du roi et du favori Saint-Simon, avec des matériaux tirés des fortifications[2]. Son biographe le plus autorisé affirme qu'il refusa l'évêché que le roi voulait créer dans sa nouvelle conquête ; ce qu'il y a de certain, c'est qu'il fut question pour cet évêché de l'évêque de Bazas, Jean Jaubert de Barrault, et d'un certain père Lefevre. On sait du reste que ce ne fut qu'en 1648 que l'évêché fut transféré de Maillezais à La Rochelle. Le père Joseph avait eu, avant la capitulation, la satisfaction de contribuer à la conversion du duc de La Trémoille, qui fut récompensée par la charge de mestre de camp général de la cavalerie légère et la restitution de ses places. C'était une grande famille de plus, l'une des plus grandes de la noblesse française, qui passait au catholicisme[3].

défavorable à l'entreprise, se fait ici l'écho complaisant des bruits fâcheux et faux répandus à Paris par les ennemis du cardinal. La même influence se manifeste dans la dép. suivante du résident de Savoie : « Grandissima commotione si desta negl' animi de buon Francesi per le difficoltà che s'accrescono nel espugnatione di questa piazza, considerando quanto poco sensatamente si sia impegnata la persona del Re et la sua riputatione in questa impresa, nella quale, sebene a prima faccia l'utile pare molto maggiore della perdita..., tuttavia il rischio che corre il regno s'il negotio non riesce, è troppo grande, perchè sarebbe constretto il Re di ritirarsi con tanto scorno che mai piu si stimarebbono le armi sue, restarebbe la sua autorita sbattuta, distrutta la reputatione, lascierebbe tutti questi paesi in predda agli heretici et stabilirebbe gl'Inglesi nel suo regno... » Carlo Albertino di Moretta du duc de Savoie. Marans, 1er sept. 1628 *Inédit.* Arch de Turin.

[1] Lepré Balain, *Biographie.*

[2] *Ibid.* Jourdan, *Éphémérides hist. de La Rochelle.*

[3] Zorzi Zorzi au doge. 23 et 24 juillet 1628. *Inédit.* « Daro parte a V. S. Ill. che nel 18 del corrente il s. duca della Trimougle fece professione della fede cattolica nelle mani del sud. ill. s. cardinale con grandissima sodisfne del Re, di tutta la corte et del regno. Quel duca era il piu segnalato signore fra tutti li heretici, nipote del principe d'Orange, cugino del Palatino, cognato del duca di Buglione; da lui dipendono piu di duo mila gentil-

Pendant que les forces du roi étaient retenues par une place dont la résistance dépassait toutes les prévisions, la haute Italie était le théâtre d'événements, qui réclamaient l'urgente intervention de la France. La branche des Gonzagues qui, depuis l'avènement de Guillaume de Gonzague (21 février 1550), possédait le duché de Mantoue et le marquisat de Montferrat, s'éteignait dans la personne de Vincent II (21 décembre 1627). Aux termes du rescrit impérial d'investiture du 6 mai 1432, réglant le mode de transmission du marquisat,depuis duché de Mantoue, et d'après la loi successorale établie par Charles-Quint pour le marquisat de Montferrat, ces deux fiefs impériaux devaient échoir à Charles de Gonzague, duc de Nevers, oncle à la mode de Bretagne du duc Vincent et représentant d'une branche puînée, établie en France. Mais l'ambition, toujours en éveil, de Charles-Emmanuel convoitait le Montferrat et, alléguant que c'était un fief féminin, il le revendiquait au nom de sa petite-fille Marie, nièce du dernier duc. Ses prétentions avaient provoqué celles de la sœur de celui-ci, Marguerite de Gonzague, duchesse douairière de Lorraine. Enfin l'Espagne, intéressée à ne pas laisser tomber dans les mains d'un prince français deux des plus fortes places de l'Europe, Mantoue et Casal, soutenait les prétentions du duc de Guastalla sur le Mantouan et négociait avec le duc de Savoie le partage du Montferrat.

A la fin de 1627, Richelieu envoya le marquis de Saint-Chamont à Mantoue pour sauvegarder les intérêts de la France. Il était temps : Vincent II allait mourir, le duc de Guastalla se préparait à s'emparer de Mantoue par surprise et le gouverneur de Milan à appuyer de la présence de son envoyé Serbelloni cette usurpation. Notre ambassadeur les gagna de vitesse : favorisé par le sentiment du droit et les sympathies françaises qui animaient le duc et son principal ministre, Striggio, il éventa le complot, s'en servit pour exciter l'indignation du moribond, lui

huomini feudatarii delle sue terre, fra le quali ha al manco dieci citta grandi et ricche, dove hora vuole con ardore introdurre i nostri missionarii et fabricarvi conventi. Questa conversione è vera et di grande essempio per l'avvenire massime il tempo che non puo humanate scampare la rebella Rochella. » Le Père Joseph au cardinal protecteur de l'ordre des capucins. Du camp de La Rochelle, 20 juillet 1628. *Inédit.* Arch. de la Propagande. Communiqué par M. l'abbé Dedouvres.

fit faire un testament en faveur de Charles de Gonzague, fit célébrer et consommer entre le fils aîné de celui-ci, le duc de Rethel et la princesse Marie, nièce de Vincent, un mariage qui ôtait tout prétexte aux revendications du duc de Savoie et assura la reconnaissance du duc de Nevers comme héritier et celle du duc de Rethel comme lieutenant-général de son père. Ce dernier arriva à Mantoue le 17 janvier, peu de temps après la mort de son prédécesseur, et prit possession de ses États.

C'était un coup de main heureux et qui plaçait les compétiteurs du duc de Nevers en face d'un fait accompli. Mais ceux-ci, remis de leur surprise, en appelèrent aux armes. Le 25 février, le duc de Savoie et les Espagnols entrèrent en campagne pour mettre à exécution le traité de partage du Montferrat qu'ils avaient passé. Gonzales de Cordoue mit le siège devant Casal, Charles-Emmanuel prit Albe, Trino, Montcalvo, Pont d'Esture et Nice de la Paille. En même temps l'empereur traitait le patrimoine du duc de Mantoue comme bien litigieux et nommait un séquestre.

Avant l'ouverture des hostilités, dès le mois de janvier 1628, Priandi, agent de Charles de Gonzague, était venu à La Rochelle pour obtenir du roi au moins une démonstration propre à intimider les adversaires de son maître [1]. Mais Richelieu ne crut pas pouvoir divertir du siège ni du Languedoc la moindre partie de ses forces ; il se contenta de conseiller au nouveau duc des concessions, de l'encourager à bien se défendre, d'autoriser des levées en sa faveur et de faire entendre à Turin, à Madrid, à Vienne un langage conciliant. En s'associant à cette politique de temporisation, le Père Joseph se portait garant auprès de son ami, le duc de Mantoue, des intentions énergiques de Richelieu : « Dans ce grand orage, lui écrivait-il, je me console en la certitude que j'ay, que celuy duquel je puis mieux respondre et qui n'est pas des moins puissants à vous y assister, est résolu de le faire de toutes ses forces et ne croy pas qu'il en puisse estre diverty [2]... » Il lui affirmait « la résolution et affection de celuy... qui me faict le bien de m'ouvrir en cela son cœur [3]. » Déjà

[1] Siri, *Memorie recond.*, VI, 314-315.

[2] Le Père Joseph au duc de Mantoue. 4 juin 1628. *Inédit.* Archives des Gonzagues.

[3] Le même au même. 6 sept. 1628. *Inédit.*

l'Espagne a reconnu en lui un ennemi ; les partisans de Charles de Gonzague constatent, de leur côté, qu'il fera tout pour lui, sauf de suspendre la guerre contre les huguenots [1]. Son influence ne grandit pas, elle était déjà considérable, mais elle commence à apparaître aux diplomates étrangers, à les occuper et par eux à arriver au grand jour ou plutôt au demi jour de l'histoire. C'est sur cette question de Mantoue qui remue en lui, en même temps que des sentiments patriotiques, une communauté de souvenirs et d'aspirations, qu'il va s'engager d'une façon définitive contre l'Espagne. C'est entre lui, le cardinal et le roi que fut prise, à La Rochelle, la résolution de porter secours en plein hiver au duc de Mantoue [2].

Quand elle fut soumise au conseil, Richelieu, sans dissimuler les difficultés de l'entreprise, montra que l'intérêt du roi devait les faire affronter et, contre l'avis du cardinal de Bérulle, qui était en cette circonstance l'organe de la reine-mère et des catholiques zélés, fit décider qu'on n'attendrait pas le printemps [3].

Louis XIII partit pour le Dauphiné le 16 janvier 1629 ; le cardinal le suivit le 18. Le 20, le Père Joseph rejoignit celui-ci à Grosbois, près de Paris, qu'il avait quitté le même jour.

Ces dates nous sont fournies par un document [4] qui ne permet pas seulement de suivre jour par jour leur itinéraire et de connaître les allées et venues de nos agents diplomatiques,

1 « ..... questi che è molto mall' affetto de Spagnoli et non poco ben disposito per il s. duca di Mantova, del quale si proffessa antico e sincerissimo servitore, fa anch' egli per lui di buoni uffitii, non pero tali che prema o che voglia premere, che per gl' interessi di quell' Altezza resti differita la guerra contro gl' Ugonotti et il servitio della religione. » Zorzi Zorzi au doge. 7 oct. 1628. *Inédit.*

2 Lepré Balain, *Biographie*, fol. 324. *Supplément à l'histoire*, année 1629.

3 *Mém. de Richelieu*, I, 558, 2. Mémoire pour le secours de Casal, 10 déc. 1628. Avenel, VII, 622. Mémoire circulaire au nonce et aux représentants des Etats alliés d'Italie. Même vol. p. 620. Aubery, *Histoire*..., I, 188. Voy. sur Bérulle, ses excès de zèle contre les protestants, son entente intime avec le garde des sceaux Marillac des dép. inéd. de Druent et de Biandra à Charles Emmanuel. 31 mars et 30 juin 1628, aux archives de Turin.

4 Diaire du voyage du roi en Italie, 1629, pour secourir Casal. Celuy des Cevenes et Languedoc contre les Huguenots et le reste de l'année 1629. *Inédit.*

mais qui nous initie à la pensée et au travail du cardinal et à la collaboration du Père Joseph. Le journal de voyage tenu par celui-ci, tantôt nous le montre comme l'interprète d'une pensée commune, tantôt nous laisse deviner en lui un confident et un conseil. Il apparaît enfin dans ce journal, ainsi que dans la relation qui y fait suite et dont nous parlerons plus tard, non-seulement comme un rédacteur du *Mercure* mais comme un compilateur de documents, comme un secrétaire, dressant les sommaires de chapitres, établissant le canevas d'un ouvrage historique où il est difficile de ne pas reconnaître les mémoires de Richelieu.

Le plan conçu pour secourir Casal comportait trois opérations. Un corps d'armée de sept à huit mille fantassins et de deux cents cavaliers, embarqué à l'embouchure du Rhône, devait être déposé à terre à Aresso, en Ligurie, d'où il marcherait sur Casal, distant de quinze ou vingt milles seulement ; un second corps, dont l'effectif et l'itinéraire restaient à déterminer, était destiné à entrer en Savoie et en Piémont ; il était réservé au troisième, commandé par le roi, de franchir les Alpes du Dauphiné et d'aborder directement la capitale du Montferrat [1].

La première opération, séduisante par sa hardiesse, présentait des difficultés qui sautent aux yeux, et le maréchal d'Estrées, qui devait la diriger avec le duc de Guise, ne cédait pas seulement, en la combattant, au désir d'avoir un commandement indépendant [2]. Avant de quitter Paris, le Père Joseph avait conféré de ces difficultés et du concours du duc de Mantoue à l'expédition avec un sénateur de Casal, nommé Bido, venu pour presser l'entrée en campagne et attaché plus tard, comme intendant, au corps d'armée destiné à l'accomplir [3]. Ce fut sans doute à la suite de ces conférences que le s^{r} du Landé fut chargé d'aller assurer le nouveau souverain de la résolution du roi de secourir Casal par tous les moyens possibles, de lui donner connaissance des ordres envoyés au duc de Guise et au maréchal

[1] Mémoire pour le secours de Casal. 10 déc. 1628. Avenel, VII, 622. Richelieu à d'Effiat. 11 oct. 1628, p. 970. Richelieu à Créqui. 22 déc. 1628, p. 973. Richelieu à Bautru. *Ibid.* 27 déc. 1628. Siri, VI, 504-505, 509-510. *Mém. de Richelieu*, I, 571-572.

[2] Siri, VI, 515.

[3] Siri, VI, 515-516. Diaire à la date du 15 février 1629.

d'Estrées, de s'informer du nombre de cavaliers et de bêtes de somme qu'il pouvait fournir, de constater l'état du siège, de reconnaître les passages guéables du Tanaro et les points de la côte ligurienne les plus favorables à un débarquement et enfin de rendre compte aux chefs désignés de l'expédition, du résultat de ses observations. On ne peut s'empêcher de penser que celui qui avait discuté avec le sénateur Bido les moyens de réaliser le projet aventureux d'une descente en Ligurie, fut aussi celui qui donna au s^r de Landé ses instructions [1].

Ce projet ne pouvait réussir que si l'exécution en était combinée avec l'entrée du roi en Piémont par le Dauphiné. Or Louis XIII comptait passer les Alpes Dauphinoises vers le 15 février ; les commandants de l'expédition seraient-ils en état d'opérer à cette date leur débarquement ? On leur posa nettement la question en leur ordonnant, s'ils ne pouvaient l'effectuer au temps marqué, de prendre d'ici là leurs mesures soit pour venir donner la main au roi dans le Piémont en passant par les comtés de Nice, de Bueil et deTende, soit, si cela même était impossible, pour amener leurs forces à Valence en Dauphiné, rendez-vous et base d'opérations du principal corps d'armée. Le duc de Guise promit, en son nom et au nom du maréchal d'Estrées, d'être hors du royaume le 20 février [2].

Mais ces assurances eurent naturellement moins d'influence sur les décisions de Richelieu que les renseignements fournis par Landé qui, au même moment, revenait de sa mission (30 janvier). Landé rapportait que l'état des troupes était déplorable, tant au point de vue de l'effectif qu'au point de vue de la solidité. Rien n'était prêt de ce qui était nécessaire à l'expédition [3]. On y renonça donc, et Landé retourna immédiatement en Provence pour l'annoncer au duc de Guise et au maréchal d'Estrées, pour

[1] Instructions et lettres de créance du sieur du Landé, 15 et 14 (et non 18, comme le dit Avenel, VII, 635, n° 2.) décembre 1629. Siri, VI, 514-515.

[2] Mémoire envoyé à Mrs de Guise et le maréchal d'Estrées le 30 janvier 1629. *Inédit.* Diaire aux dates du 24 et du 29 janvier 1629. *Mém. de Richelieu*, I, 609.

[3] Diaire à la date du 30 janvier, Richelieu à la reine-mère. 8 février 1629. Avenel, III, 227. Sur l'ordre du cardinal, Landé remit au Père Joseph *une relation de sa mission que nous n'avons pas retrouvée. C'est évidemment* pour servir à ses mémoires que Richelieu la fit écrire et déposer entre les mains du capucin.

leur indiquer deux routes de terre par lesquelles ils pouvaient, à leur choix, entrer chez l'ennemi, en faisant appuyer leur marche par la flotte, et enfin pour leur recommander d'exécuter ce mouvement vers le 15 ou le 18 février, de façon à seconder les autres opérations, et sans se laisser influencer par les bruits de paix que l'on faisait circuler. Après avoir porté ces ordres aux commandants de l'armée de Provence, Landé devait se rendre à Mantoue et à Venise pour presser le duc et la république de joindre leurs forces [1] et de marcher sur Casal à la même époque, sans attendre l'entrée de l'armée royale en Italie, que le roi ne négligerait rien pour effectuer en même temps. Il était porteur de lettres du roi au duc de Mantoue et à la république et de longues instructions à d'Avaux ; les unes et les autres avaient pour but de les rassurer contre les bruits de paix répandus par l'Espagne et autorisés en apparence par la présence de Bautru à Madrid, et de les convaincre de la résolution du roi de rester fidèle au traité de ligue proposé par lui un mois auparavant et qui interdisait aux alliés de faire une paix particulière [2]. C'est d'après les instructions du Père Joseph que Landé accomplit cette mission diplomatique et militaire, c'est de lui qu'il tenait les pièces qui lui furent confiées [3].

Les alarmes causées à nos alliés par les négociations de Bautru avec Olivares n'étaient pas justifiées. Les concessions que notre ambassadeur avait été autorisé à faire au commencement de novembre 1628 et qui allaient jusqu'au dépôt de la ville de Casal entre les mains des Espagnols, avaient été inspirées par le danger pressant de cette place, dont la capitulation était annoncée comme imminente et où il était encore préférable de les voir entrer à titre de séquestres, en attendant l'arbitrage

[1] Le duc de Mantoue avait fait espérer qu'il mettrait en campagne une armée de quatorze mille fantassins, de deux mille cavaliers et d'une dizaine de canons. Diaire à la date du 1er février.

[2] Diaire à la date du 1er février. Avenel, VII, 975. Siri, VI, 580.

[3] Diaire, *Ubi supra*. « Le sr du Landé fut despeché le premier février. Le sr d'Herbaut étoit secretaire d'Etat des affaires étrangères, mais le Père Joseph faisoit les instructions et le cardinal les voyant corrigeoit ce qu'il jugeoit à propos. Il eut ordre d'aler en Provence droit et puis à Venize et Mantoue, eut des ordres par écrit pour le duc de Guise et le maréchal d'Estrées... » Lepré Balain, *Supplément à l'histoire*, année 1629. Siri, *Ubi supra*.

du pape, qu'en vertu du droit de la guerre [1]. Mais au moment où Landé était chargé d'aller rassurer nos alliés, leur inquiétude n'était plus de saison. Les circonstances qui avaient rendu Richelieu si conciliant, s'étaient profondément modifiées, le roi marchait au secours de Casal, on espérait placer les États du duc de Mantoue sous la protection d'une confédération italienne qui assurerait l'indépendance de la péninsule et Richelieu n'avait aucune envie d'accepter maintenant la solution bizarre, périlleuse, impraticable à laquelle il s'était résigné pour prévenir la reddition de Casal [2]. Aussi fut-il fort ému quand le 1er février, il reçut à Gilly, près de Citeaux, un projet d'accommodement proposé par l'Espagne, envoyé par Bautru et où celui-ci avait laissé passer des conditions allant encore au delà de ses instructions, qui n'étaient plus elles-mêmes conformes aux intentions du cardinal. Il signala rapidement à d'Herbault les points principaux sur lesquels ce projet était contraire aux instructions de l'ambassadeur [3] et chargea le Père Joseph de faire ressortir en détail ces désaccords [4] et de rédiger à l'adresse de nos alliés une circulaire démentant les bruits de paix et attestant la ferme intention de ne pas renoncer au secours de Casal [5].

La marche de l'armée royale aurait dû, ce semble, suffire à leur donner confiance et à faire réfléchir le duc de Savoie. Le 28 février, Louis XIII passa le mont Genèvre et vint coucher à Oulx [6]. Là, le cardinal résolut de se rendre maître des défilés qui conduisent de Chaumont à Suse, et des forts de Gelasse et de Jaillon, puis de faire auprès de Charles-Emmanuel une dernière tentative que l'approche du danger semblait devoir rendre plus heureuse. On délibéra seulement si l'on commencerait par s'assurer des passages et des forts, ou si l'on donnerait auparavant

[1] Instruction à Bautru. La Rochelle, 7 novembre 1628. *Inédit.* Voy. aussi la note en marge d'une autre rédaction de ces instructions. Instruction au même du 11 novembre 1628 reproduites presque textuellement dans les *Mém. de Richelieu*, I, 560-563.

[2] Diaire à la date du 1er février.

[3] Richelieu à d'Herbault. 2 février 1629. Avenel, III, 223.

[4] Diaire aux dates du 1er février et du 1er mars. Arch. des aff. étrang. Espagne, XV, fol. 397 et *Mém. de Richelieu*, I, 598.

[5] Diaire, 1er février. Cette lettre n'a pas été retrouvée. 2 mars.

[6] Diaire, 26 février. Les mémoires de Richelieu (I, 605) assignent au passage du roi la date du 1er mars. C'est aussi la date indiquée dans une lettre du roi à Béthune, du 3 mars. Avenel, III, 238.

au Savoyard un dernier gage de conciliation. On adopta ce dernier parti, tout en faisant avancer nos troupes. Le 28 février, le commandeur de Valençay et le sieur de Lisle, reprenant une tâche avec laquelle ils étaient familiers, partirent de Briançon et portèrent à Charles-Emmanuel une lettre du roi qui n'est pas parvenue jusqu'à nous. Elle était probablement conçue dans le même sens que les instructions rédigées par le Père Joseph pour ces deux agents et d'après lesquelles ils devaient, sans accepter les compensations demandées par le duc comme prix de sa rupture avec les Espagnols, lui laisser l'espoir de les obtenir à la suite d'une entrevue qui était nécessaire et urgente [1].

Cette entrevue eut lieu à Chaumont le 4 mars entre le prince de Piémont et le cardinal. Le premier en sortit en se déclarant entièrement satisfait des moyens que son interlocuteur ouvrait au duc de Savoie pour s'affranchir de ses engagements avec l'Espagne et en promettant d'apporter le lendemain l'approbation de son père. Mais le lendemain, au lieu du prince de Piémont, on vit arriver le comte de Verrue qui vint faire des propositions nouvelles ou plutôt reproduire des propositions déjà repoussées [2]. Cet entêtement dans la ruse fit perdre patience au roi et au cardinal. Les troupes reçurent l'ordre d'attaquer les barricades qui défendaient Suse et les enlevèrent en quelques instants (6 mars). Louis XIII entra à Suse et imposa à Charles-Emmanuel un traité qui ouvrait à l'armée royale la route du Montferrat, assurait, dans le présent et l'avenir, par les soins des deux parties, le ravitaillement et le secours de Casal, accordait au duc Trino et 15,000 écus d'or de rente en échange d'une renonciation à ses prétentions, plaçait le traité sous la garantie des signataires et livrait au roi la citadelle de Suse et le château de Saint-François comme gages de son exécution (11 mars) [3]. Gonzales leva le siège de Casal et évacua le Montferrat.

Le but de la campagne était atteint. La possession du Montferrat n'était plus disputée à Charles de Gonzague ; le prestige acquis par la prise de La Rochelle était accru par la hardiesse et le bonheur d'une expédition entreprise en plein hiver, pen-

[1] Diaire, 22 février. Relation de ce qui s'est passé, etc. *Ubi supra.*
[2] Relation etc. *In initio. Mém. de Richelieu,* I, 605-606.
[3] *Mém. de Richelieu,* I, 610-611. Du Mont, *Corps diplomatique,* V, partie II, nº CCCXI.

dant qu'une partie du royaume était en proie à la guerre civile, et qui avait exigé la concentration et le transport d'une armée de près de 40,000 hommes [1]. On connaissait maintenant le prix de la protection du roi très chrétien ; les mauvaises impressions produites par la paix de Monçon, par la négociation de Bautru à Madrid étaient effacées ; cette Italie qui nous avait tantôt accueillis en libérateurs, tantôt repoussés comme des barbares, attendait encore une fois de nous son salut. Les gouvernements italiens, même les plus soumis à l'influence espagnole, envoyèrent leurs félicitations au roi, le poussèrent à entreprendre la conquête du Milanais, à garder un pied en Italie. Ces vœux, plus ou moins secrets et timides, étaient aussi ceux des peuples [2] ; l'Espagnol, hautain, flegmatique et avide, n'avait pas su conquérir la sympathie de populations expansives, légères, dépourvues du sens sérieux de la vie. L'Espagne s'était attaché certains princes par la crainte et par l'intérêt, mais ils conservaient au fond du cœur le désir de l'indépendance.

Fallait-il céder à ces encouragements, faire fond sur ce sentiment national indistinct et confus qui s'offrait à nous, prêter l'oreille aux tentations de ce démon de l'aventure et de l'inconstance qui régnait à Turin et qu'on pouvait peut-être fixer par l'appât du Milanais et d'une couronne royale ?... Plus d'un le pensait, le conseillait au cardinal [3]. Il y avait pour le faire de bonnes raisons, des raisons spécieuses tout au moins. Charles-Emmanuel était vaincu mais non corrigé. Richelieu ne se faisait pas illusion sur l'efficacité du traité de Suse pour brider sa remuante ambition, il ne se flattait pas non plus que l'Espagne se résignerait facilement au voisinage d'un prince français dans deux places comme Mantoue et Casal. D'ailleurs on n'avait eu réellement à faire jusqu'ici qu'à un adversaire beaucoup moins difficile à vaincre qu'à atteindre; les bandes redoutées de Waldstein n'avaient pas donné et nul doute que, si elles descendaient en Italie, l'œuvre éphémère édifiée à Suse ne s'écroulât au bruit de

[1] Préliminaires du projet de ligue dans Du Mont, n° CCCXII.

[2] *Mém. de Richelieu,* I, 612, col. II; 613, col. 2, 614, II, 9. Relation précitée.

[3] Lepré Balain, *Supplément à l'histoire.* Mémoire pour envoyer à M. de Béthune, Avenel, III, 278 Richelieu au roi. 9 mai 1629. Avenel, III, 313. *Mém. de Richelieu,* I, 601, col. 2-602.

leurs pas, nul doute que le flot des assaillants impériaux, espagnols et savoyards ne vint submerger le Montferrat et le Mantouan, et battre, comme deux flots, les deux places fortes où la fortune de Charles de Gonzague serait enfermée. De la campagne si laborieuse de Richelieu, rien ne resterait que le souvenir d'un brillant fait d'armes. Peut-être le seul moyen de sauvegarder ce qu'on avait acquis était-il d'entreprendre davantage, de désintéresser le duc de Savoie du Montferrat en lui offrant une plus riche proie et en prenant des compensations.

Nous connaissons assez Richelieu pour pouvoir affirmer qu'il ne fut pas insensible à ces considérations, qu'il dut être fortement tenté par une politique qui unissait l'éclat et le profit. La modération qui finissait toujours par triompher chez lui, n'y triomphait pas sans combat ; il y avait en lui, en même temps qu'un coup d'œil étendu qui embrassait toutes les faces d'une question, en même temps qu'une circonspection qui « ne laissait rien à la fortune de ce que la prudence peut lui ôter, » cette heureuse témérité sans laquelle les grandes initiatives seraient impossibles. Il recula pourtant devant les périls et les déceptions d'une entreprise qui aurait amené en Italie une véritable révolution politique. Entrevit-il le danger de l'unité italienne accomplie par la maison de Savoie et insuffisamment compensée par l'acquisition de notre frontière alpestre ? Lui prêter cette prévision serait commettre un anachronisme. Si le principe de ces deux événements corrélatifs était déjà posé dans les faits, la portée en échappait encore aux esprits même les plus clairvoyants. Unité ou fédération, quel que fut l'avenir rêvé pour l'Italie par les deux écoles politiques qui se préoccupaient de lui tracer ses destinées, c'était par l'empereur ou par le pape qu'elles espéraient le voir réalisé. Il suffit au cardinal, pour résister à la séduction qu'un pareil projet put exercer sur son imagination, de songer à la versatilité et à la duplicité de Charles Emmanuel, aux derniers tronçons du parti protestant qui s'agitaient dans les Cevennes et le Languedoc et pouvaient de nouveau former un corps redoutable. Il resta fidèle au but qu'il s'était fixé en Italie : y acquérir, fut-ce au prix d'un agrandissement du duc de Savoie, une position militaire, peut être même une possession plus étendue, telle que ce marquisat de Saluces dont l'abandon par Henri IV avait tant alarmé la péninsule. Il craignit de compromettre les résultats qu'il avait obtenus ; au point de vue moral comme au point de vue matériel et, plus encore peut-être, au point de vue moral, ces résultats étaient considérables : en moins de deux ans, il venait d'abattre la tête de l'hérésie et de la rébellion [1], de faire franchir les Alpes, en plein hiver, à une armée de près de 30,000 hommes, d'humilier l'Espagne en Italie et d'y rétablir le prestige de la France, de rassasier de gloire un roi qui y était très sensible, et de se créer ainsi, dans la raison et le patriotisme de son maître, de puissants appuis contre ses adversaires. Si, en repassant les Alpes, il laissait le duc de Mantoue entouré d'ennemis qui n'avaient pas désarmé, il laissait aussi derrière lui la crainte du nom français, les places du Mantouan et du Montferrat ravitaillées, un corps de 4,300 hommes dans le second de ces pays [2], une armée française de 8,200 hommes à Suse [3], des approvisionnements considérables à Briançon. Enfin il ne quitta pas Suse avant d'avoir fait signer par le duc de Savoie, par la sérénissime république et par le duc de Mantoue, le traité de ligue défensive qui devait protéger celui-ci contre de nouvelles attaques, et auquel il essaya vainement de faire souscrire le souverain pontife et le grand duc. Croyant avoir assuré par là quelque durée à l'œuvre qu'il venait d'accomplir, il combattit les hésitations de Louis XIII qui se demandait s'il ne devait pas pousser plus loin ses avantages et, aidé du Père Joseph, il lui fit un devoir de conscience d'achever la ruine de l'hérésie, depuis longtemps travaillée et ébranlée par les secrètes intelligences du capucin.

Ce fut pour entourer de nouvelles garanties les fruits de cette courte et glorieuse campagne que, le 25 mars, le Père Joseph et Guron s'éloignèrent de Suse. Tous deux étaient chargés d'une mission auprès du duc de Mantoue, mais celle du Père Joseph était plus étendue et plus confidentielle. Guron devait se plaindre de la duchesse douairière de Longueville qui, avec la connivence présumée [4] de son frère, Charles de Gonzague, favorisait,

[1] On se rappelle les beaux vers de Malherbe.
[2] Le Père Joseph à d'Avaux. Suze, 10 mai [1629]. *Inédit.* Arm. Baluze, 163, fol. 144. Avenel, III, 270, 278.
[3] Le Père Joseph à d'Avaux. Suze, 10 mai [1629]. Avenel, III, 311.
[4] *Mém. de Richelieu*, I, 556.

contrairement aux volontés de la reine-mère et du roi, le mariage de sa nièce, Marie de Gonzague avec Gaston d'Orléans ; il devait inviter le duc à appeler sa fille auprès de lui et à prouver ainsi qu'il était étranger à cette intrigue. Mais il n'était pas accrédité seulement auprès du duc de Mantoue, il avait aussi à faire connaître au grand duc de Toscane les intentions du roi sur l'Italie, à le détacher des intérêts de l'Espagne pour le faire entrer dans la ligue italienne dont le cardinal poursuivait la formation [1]. Avec leduc de Mantoue, il ne lui était pas interdit de traiter d'autres questions que celle que nous avons dite ; il en était une, toutefois, qui était réservée au Père Joseph, plus propre que tout autre, à cause de son influence sur Charles de Gonzague, à calmer l'irritation, à triompher des répugnances qu'elle devait provoquer chez ce prince.

Ce n'est pas des sacrifices imposés à ce dernier par le traité de Suse, ni de son projet d'union avec la princesse Marguerite de Savoie [2] que nous voulons parler, mais bien de la proposition d'échanger le Montferrat, démembré et appauvri, contre une principauté souveraine dans la Bresse [3]. Il est vrai que le journal de voyage du Père Joseph, qui rapporte en détail les considérations invoquées par lui pour faire accepter au duc de Mantoue les sacrifices stipulés en faveur de Charles-Emmanuel, est absolument muet sur le projet d'échange imaginé par Richelieu. Faut-il croire que celui-ci ait renoncé, pour le moment du moins, à en faire faire l'ouverture à Mantoue ? Nous ne le pensons pas. Il tenait beaucoup à cette idée. Autant il était peu enclin à entre-

1 Instructions à Guron. Suze, 25 mars 1629. Avenel, III, 265.

2 Antonio de Navaz au marquis de Mirabel. Chaumont, 29 mars 1629. Le même au même. Suse, 12 mai 1629. *Inédit.* Arch. de Simancas.

3 « Considera il c. Rich. l'impossibilità che havera il duca di Mantova di mantener la fortezza di Casale rispetto alla sua situatione et alla spesa, massimamente hora che rimarra smembrata parte considerabile del Monferrato. Però manda il Padre Giuseppe a proporgli che lasci al Re il Monferrato e pigli in ricompensa sovrana equivalente nella Bressa, non incorporata alla corona ; me n'ha dimandato parere. » Le nonce l'en dissuade mais, voyant que c'est chez lui une idée arrêtée, il lui conseille de tenir ce projet secret et d'en ajourner l'exécution jusqu'à ce qu'on voie comment les Espagnols « inghiottiranno l'affronto che hora ricevono della levata dell' assedio di Casale e che... siano ridotte all' obedienza di S. M. le piazze ribelle di Linguadoca..... » Bagni au card. Fr. Barberini. Suze, 25 mars 1629. *Inédit.* Barb. LXIX, 60, fol. 39. Nani, *Historia della republica Veneta*, I, 469.

prendre en Italie, au nom des vieilles prétentions qui avaient si longtemps égaré la politique française, une guerre de conquête, autant il désirait y avoir un pied et y substituer l'influence de notre pays à celle de l'Espagne. Pour réaliser ce désir, il était naturel qu'il pensât au Montferrat ; il y était amené par les doléances [1] de son souverain légitime sur le prix dont on lui avait fait payer le désistement du duc de Savoie [2], et si, comme cela était évident, ce souverain ne pouvait conserver la capitale du Montferrat que par l'assistance lointaine de la France, s'il ne pouvait être dans cette place que le lieutenant du roi Très-Chrétien, pourquoi ne pas remplacer cette situation équivoque par une situation nette dont notre pays aurait le bénéfice en même temps que les charges? La mission donnée au Père Joseph à cet égard est attestée par le nonce Bagni dans une dépêche du 25 mars [5] au cardinal neveu. Bagni ajoute que, consulté par Richelieu sur ce projet, il l'en a dissuadé ; mais que, se trouvant en présence d'une résolution arrêtée, il lui a conseillé, du moins, de le tenir secret et d'en ajourner l'exécution jusqu'à des circonstances plus favorables. En admettant que Richelieu, tenant compte de ce conseil, se soit montré réservé sur ce sujet avec les tiers, il n'est pas vraisemblable qu'il ait renoncé à faire tout au moins sonder le principal intéressé par l'homme le plus capable de le gagner. Si le Père Joseph a gardé le silence sur ce point dans son journal, c'est qu'il a senti l'inconvénient de divulguer une négociation aussi délicate.

Ce n'est pas d'ailleurs la seule omission volontaire que l'on constate dans la relation de sa mission. Bien qu'il ait apporté un souci évident de la chronologie à noter toutes ses étapes et bien des circonstances de son voyage, il nous a laissé ignorer que le bateau qui le transportait avec Guron à Mantoue, où ils arrivèrent le 3 avril, avait chaviré contre un moulin, et que tous deux avaient failli être noyés dans le Mincio [3]. Il se borne à mention-

[1] «..... el de Nevers se hallava con poca satisfaon de que se huviese prometido con tanta liberalidad al de Savoya la parte que pretenden Franceses adjudicas del Monferrato con la rrenta que tambien se le aplica, lo uno y lo otro rreputa el duque de Nevers en cantidad de 60mil escudos de renta y le pareze gran menoscabo de su estado... » Mirabel au comte-duc. Paris, 5 avril 1629. *Inédit.* Simancas. Bagni au card. Fr. Barberini. Suze, 30 mars 1629. *Inédit.* Barb. LXIX, 60.

[2] *Ubi supra.*

[3] Le duc de Mantoue à Richelieu. Casal, 31 mars 1629. *Inédit.*

ner son entrevue avec le duc de Savoie à Veillane et réserve pour le récit fait à loisir, en vue duquel il a pris ces notes, le compte rendu de leur entretien [1]. Il a été, en revanche, très explicite sur la partie de sa mission qui avait pour but d'amener Charles de Gonzague à exécuter franchement et de bonne foi le traité de Suse. Il lui fit reconnaître combien il importait de régler, avant que le roi s'éloignât de cette ville, les satisfactions dues au duc de Savoie, et d'ôter ainsi à ce dernier tout prétexte de revenir sur le traité. On avait été obligé de traiter avec Charles-Emmanuel pour sauver Casal, dont la capitulation était annoncée pour le 15 ou le 20 mars, pour empêcher ce prince de se jeter dans les bras de l'Espagne, pour s'éviter les difficultés d'une marche de six jours en pays ennemi, et du passage de la Doire-Balthée qui n'est pas guéable ; le duc de Mantoue en demeura convaincu et dut avouer qu'à la place du roi il aurait fait de même [2]. Charles une fois persuadé, il s'agissait de savoir s'il irait lui-même à Suse ou s'il y enverrait un mandataire de confiance. Le Père Joseph craignit qu'il n'apportât de l'aigreur dans la discussion de ses intérêts [3] ; d'ailleurs les passeports que lui avait fait délivrer Gonzalve de Cordoue ne lui donnaient pas le titre de duc de Mantoue et ne lui permettaient pas dès lors de voyager avec une sécurité suffisante [4]. Le capucin lui conseilla donc de ne pas traiter en personne le règlement de l'indemnité promise à son adversaire. Le duc choisit pour le représenter le marquis Strigio, son grand chancelier. Le 9 avril celui-ci partit avec le Père Joseph. Il était muni de pleins pouvoirs pour adhérer à la ligue entre le roi, la république de Venise et le duc de Savoie, pour approuver les concessions faites à ce dernier et pour hypothéquer les biens de son maître en France au remboursement des emprunts passés et futurs destinés à l'approvisionnement de Casal [5].

En arrivant à Suse le 17 avril, très fatigué de son voyage [6], le

[1] Relation précitée.

Relation précitée. Lepré Balain, *Suppl. à l'histoire*. Lepré Balain s'est servi de la relation d'Avaux à Béthune. Venise, 14 avril 1629. *Inédit.* Cinq cents Colbert, 371, pièce 141.

[3] Bagni à Barberini. Suze, 30 mars 1629. *Ubi supra.*

[4] Mémoire pour envoyer à M. de Béthune. 21 avril 1629. Avenel, III, 279. Relation précitée. Lepré Balain. *Ubi supra.*

[5] Relation. Lepré Balain. *Ubi supra.*

[6] Girolamo Soranzo et Giorgio Sorzi au doge. Suze, 22 avril 1629. *Inédit.*

Père Joseph trouva le roi et le cardinal irrités par une lettre de récriminations du duc de Mantoue. On avait d'abord été tenté de lui répondre sur le même ton, on s'était décidé pourtant à attendre le capucin qui adoucit ces dispositions [1]. Ce ne fut pas sans peine que le cardinal mît d'accord le prince de Piémont et les représentants de Charles de Gonzague sur la nature des revenus affectés au paiement des 15,000 écus de rente et sur la possession de Livourne et de Blanzas, que le duc de Savoie prétendait occuper en garantie de ses droits. Le Père Joseph seconda Richelieu dans ses efforts pour amener une entente et dressa le procès-verbal des difficultés survenues entre les parties et de l'arbitrage par lequel le roi y avait mis fin [2].

Le cardinal et le capucin quittèrent Suse le 11 mai 1629 et arrivèrent le 19 devant Privas, dont le roi avait commencé le siège depuis le 14. Les renforts amenés par Richelieu permirent de compléter l'investissement. La ville commande un pays montagneux qui s'étend par le Gévaudan et les Cevennes jusqu'à Perpignan, sur une longueur de quatre-vingts lieues environ. Bâtie sur une colline, défendue par les deux forts de Toulon et de Tournon, qui occupaient les deux seules éminences d'où elle aurait pu être battue par le canon, elle n'était pas facile à prendre de force. Rohan y avait jeté une garnison de 800 hommes d'élite, commandée par un huguenot résolu, Saint-André de Montbrun et secondée par une population aussi nombreuse, en partie indigène, en partie émigrée, qui valait des soldats. Les habitants avaient souvent donné le signal des prises d'armes du parti en s'emparant du Pouzin, de Soyons et de Baye, gros bourgs situés sur le Rhône, dont la possession leur permettait de rançonner le commerce du fleuve [3]. Ce serait s'abuser, en effet,

1 Relation. Lepré Balain. *Ubi supra.*

2 Ce procès-verbal (Turin, IX, fol. 282.) a passé dans les *Mémoires de Richelieu*, I, 622.

3 « ..... M. de Chevrilles a pris Soyon en Vivares et sur le bord du Rhône. Cette place est autant importante que le Pouzin et, s'il la peut conserver, il bridera le Rhône... » Rohan aux consuls de Millau. Alais, 24 août 1628. *Inédit.* Arch. de Millau EE, 135, « ..... cette prise [de Privas] assure le repos du pays de Vivarois et la liberté de la rivière du Rosne qui avoit esté depuis plusieurs années incessamment troublée par ceux qui estoient en ceste ville... » Louis XIII au duc de Ventadour, lieutenant-général en Languedoc. Arch. de l'Hérault. En 1629, une frégate est en station au

que de se représenter seulement les villes de sûreté comme des asiles de la foi protestante ; elles abritaient souvent aussi de vieux abus et une véritable tyrannie, auxquels leurs habitants ne tenaient pas moins qu'à leur liberté religieuse. Il est à peine besoin de dire que le culte catholique était proscrit, non seulement dans la ville, mais encore dans la campagne, à une assez grande distance ; une mort barbare attendait les catholiques et surtout les ecclésiastiques, qui s'y hasardaient [1].

A la suite de l'attaque meurtrière d'une demi lune et de la prise d'un petit fort d'où les assiégeants pouvaient beaucoup incommoder la place, celle-ci fut abandonnée par les habitants qui se refugièrent dans les montagnes. Le roi en accorda le pillage à ses soldats, mais le régiment de Languedoc, exaspéré par la mort de son mestre-de-camp, le marquis de Portes, y mit le feu. Le 28 mai, Saint-André de Montbrun se rendit à discrétion avec la garnison du fort de Toulon,qui, par suite d'un malentendu, fut passée au fil de l'épée [2].

Le Père Joseph fut mêlé à ces scènes d'horreur dont il rédigea une relation pour le nonce Bagni, qui en fit profiter le cardinal neveu [3]. Comme à La Rochelle, il fut l'âme et le chef du clergé nombreux qui entretenait chez les soldats l'exaltation religieuse, leur prodiguait les soins matériels et spirituels, convertissait les hérétiques, recevait l'abjuration des prisonniers, au moment où ils avaient la corde au cou ou partaient pour les galères [4]. La satire, rejeunissant pour lui une anecdote comique dont d'autres avaient déjà été les héros et qu'on trouve notamment dans les *Aventures du baron de Feneste*, l'a représenté monté sur un

Pouzin pour protéger la navigation. Verbal des Etats de Languedoc. Arch. de l'Hérault. Gachon, *Les Etats de Languedoc et l'édit de Beziers*. Lepré Balain, *Supplément.....* année 1629. Le Père Joseph à d'Avaux, Suze, 10 mai [1629]. *Inédit*. Relation, etc. *Ubi supra*.

1 Lepré Balain, *Supplément.....* année 1629. Relation de la prise de Privas et du martyre du Père Jérôme de Condrieux, gardien des capucins de Valence, tué par les Huguenots. *Inédit*. France, 793. fol. 231-235. Richelieu à la reine-mère. Privas, 30 mai 1629. Avenel, III, 328.

2 Lepré Balain. *Ubi supra*. Epitres écrites à plume volante par le Père Joseph. Epitre xxx, 5 août 1629. *Inédit*. Le président de Montfalcon au duc de Savoie. Valence, 9 juin 1629. *Inédit*.

3 « Il faut voir le reste de ce siège dans le papier que j'ai envoyé à M. le nonce, lequel il faut retirer. » Relation précitée.

4 Mercure français, année 1629.

cheval entier de l'écurie du cardinal et fort embarrassé par les familiarités de sa monture avec une jument voisine[1].

Le sort tragique de Privas, l'abandon de l'Angleterre, notifié aux protestants, sous les murs de cette ville, par la publication d'un traité où ils étaient entièrement oubliés, découragèrent un parti affaibli depuis longtemps par la défection de ses chefs, par des divisions intestines, par le besoin croissant de tranquillité qui distingue toujours une bourgeoisie laborieuse, par les conseils d'obéissance et de résignation tombés de la chaire évangélique, par les pratiques des émissaires royaux, avoués ou secrets[2]. Dès l'ouverture de la campagne, les tendances pacifiques dominaient dans les villes protestantes du midi et l'on comptait autour du roi sur leur prompte soumission[3].

Personne ne pouvait plus y compter que le Père Joseph, qui connaissait depuis longtemps les causes d'affaiblissement des réformés et qui en tirait parti. Les auxiliaires ne lui manquaient pas dans cette tâche. Il faut nommer en première ligne le premier président du parlement de Toulouse, Le Masuyer, qui y déployait un zèle intempérant, tracassier, plus propre, ce semble, à jeter les protestants dans le désespoir qu'à les attirer. Plus efficace était l'influence de ceux de leurs coreligionnaires qui les pressaient de ne chercher que dans la justice du roi la garantie de leur liberté religieuse. Tel était Auguste Galland, le feudiste érudit, le commissaire royal au dernier synode de Castres, tel encore Bouffard de Madiane[4]. C'était aussi un protestant, au moins en apparence, car il venait de se con-

1 *Le Gouvernement présent* ou *Eloge de S. Em.* ou *La Miliade. Vrais et bons advis de François Fidele* dans *Diverses pièces pour servir à la défense de la reine-mère*, par Mathieu de Mourgues. Tallemant des Réaux, *Historiette du Père Joseph.*

2 Sur cette crise du parti protestant, voy. *Apologie du duc de Rohan*, à la suite de ses mémoires. Anquez. *Un nouveau chapitre de l'histoire politique des réformes de France.* Introduction et chap. XIV. Schybergson, *Le duc de Rohan et la chute du parti protestant en France*, p. 26-30 et pass.

3 Le Père Joseph à d'Avaux. *Ubi supra.* Richelieu à la reine-mère. 22 avril 1629. Avenel. III, 282. « Ils sont dans une telle faiblesse et impuissance qu'un enfant venant de la part du Roy les gouverneroit à son plaisir. » Alex. Fichet à l'archevêque d'Arles. Cité par Gachon, *Les Etats de Languedoc et l'édit de Béziers*, p. 244.

4 *Jean de Bouffard-Madiane d'après ses mss.*, par Charles Pradel (Extrait des *Mém. de l'académie... de Toulouse*, 1886).

vertir secrètement au catholicisme, que ce gentilhomme de la maison de la reine-mère, nommé Danchies [1], qui, pendant le siège de Privas, cherchait par le moyen de son beau-frère, Dagrel, fort autorisé dans le parti, à gagner des religionnaires influents de Nîmes, d'Uzès, d'Anduze, d'Alais, de Millau, de Castres, de Montauban et jusqu'au duc de Rohan, en les menaçant de la sévérité du roi et en leur promettant son indulgence, en répandant la nouvelle que le duc et les villes négociaient une paix particulière et en inspirant à celles-ci et à celui-là la crainte de se laisser prévenir ; presque partout ces insinuations étaient écoutées [2].

Perdant sous cette influence dissolvante le sentiment de solidarité qui pouvait seul leur permettre de résister avec quelque chance de succès, les villes protestantes ne recherchèrent plus que leur salut particulier et ouvrirent leurs portes au roi. Celui-ci leur imposa la démolition de leurs fortifications en garantie de laquelle il se fit livrer des otages. Parmi les principales étapes de la promenade militaire accomplie par l'armée royale, nommons seulement les principales : Villeneuve de Berg, Saint Ambroix, Alais, où le Père Joseph s'exposa avec son compagnon pour soigner les blessés, Castres, Nîmes, Uzes, dont il décida la soumission, Caussade et Montauban.

Deux fois Richelieu fut tenté d'interrompre la campagne : la première aussitôt après la prise de Privas, pour voler au secours du duc de Mantoue, contre lequel marchaient les troupes impériales ; la seconde avant la soumission de Montauban, pour suivre le roi à Paris et se défendre contre l'animosité de la reine-mère. Dans ces deux circonstances, le Père Joseph le détermina à persévérer jusqu'au bout dans son entreprise [3].

Le spectacle qui s'offrit à ses yeux, à mesure qu'il s'avançait à la suite de l'armée royale, était bien fait pour blesser sa foi religieuse et monarchique. En voyant une foule d'églises en ruine ou usurpées par les hérétiques, les catholiques en fuite, une région d'une étendue égale au sixième de la France où l'orthodoxie était aussi peu respectée que l'autorité royale [4], il comprit tout

[1] *Bulletin de la société de l'histoire du protestantisme*, année 1881.
[2] Schybergson, *Op. laud.*
[3] Lepré Balain, *Supplément...*
[4] Epitres du Père Joseph aux Calvairiennes. 22 juillet et 5 août 1629. *Inédit.*

ce qui restait à faire pour incorporer dans l'unité nationale et catholique des pays empreints de traditions d'autonomie qui remontaient jusqu'aux Romains, fidèles à l'esprit de libre examen qui avait inspiré les Cathares, séparés par une vieille antipathie de la France du nord qui les avait conquis.

Des commissaires furent nommés pour assurer le démantellement des places fortes, la reconstruction des églises, la réintégration de la religion catholique dans ses droits. Fallait-il s'arrêter là, laisser au temps le soin de cicatriser les blessures de la guerre civile, de ramener les dissidents à la religion du prince, source des faveurs, incarnation universellement respectée de la patrie? Personne aujourd'hui n'hésiterait à le penser ; mais au XVIIe siècle la guerre, seule légitime, à nos yeux, contre l'organisation politique et militaire des protestants, était liée à un mouvement d'opinion qui tendait à l'unité de croyance et qu'il aurait été bien difficile d'enrayer. Richelieu d'ailleurs ne l'aurait pas voulu. Il s'associait à ce mouvement ; théologien, controversiste, prince de l'Église, il avait à cœur de remettre dans le bon chemin ceux qu'il considérait comme des frères égarés ; âme sacerdotale et militaire, il aimait d'instinct l'autorité, avant même que le gouvernement la lui eut fait aimer par état, et il l'aima jusque dans les matières qui la comportent le moins, dans les matières de foi et de goût, par exemple. Quant au Père Joseph, en revêtant l'habit de Saint-François, il avait fait du prosélytisme le but de sa vie et, bien loin de s'étonner qu'il n'ait pas considéré le rôle de la royauté comme terminé par la soumission des villes rebelles, il faut admirer la clairvoyance et l'indépendance d'esprit qui lui faisaient dire plus tard « qu'il vaudrait mieux que le Languedoc fut encore hérétique que Casal entre les mains des Espagnols [1]. »

La propagande fut principalement confiée aux capucins. Louis XIII fonda des missions de capucins dans les villes qui avaient pris part à la rébellion [2]. Le Père Joseph en établit à Pri-

[1] Oraison funèbre du P. Joseph, par le P. Georges le Juge.

[2] « Aujourd'huy quinzieme juillet 1629, le Roy estant à Nismes, ayant donné la paix à ses sujets de la R. P. R... d'autant que... l'exercice de la religion cath... a été entremis comme il est encore esd. villes et lieux [rebelles]... sad. M... veut... que led... exercice... y soit pleinement rétabli et sachant combien la vertu et piété des PP. cap., jointe à leur érudition et suffisance, est capable de faire de grands fruits... ordonne qu'aux villes

vas, à Villeneuve-de-Berg, à Alais, à Uzès, à Nîmes, à Montauban, à Sauve, au Vigan, à Ganges, à Saint-Hippolyte, à Sumene, à Barjac, à Saint-Ambroix, à Lagorse, à Valan, dans les Boutières, aux Vans [1], à Mende, à Florac, à Marvejols [2], il obtint pour elles des subventions [3]. Ces missions ressortirent aux quatre provinces monastiques de Languedoc, de Provence, d'Aquitaine et de Lyon et furent dirigées de concert par les évêques et les dignitaires de l'ordre qui eurent constamment recours au pouvoir séculier, parlements, chambre de l'édit, intendants, commissaires du roi [4]. Au-dessus de ces centres d'action locaux on sent planer la direction générale du Père Joseph. Il apporte dans cette direction la connaissance des hommes et des moyens, la fertilité d'expédients, le mélange de dextérité et d'autorité, le zèle enflammé qu'il appliquait à la politique. Il traçait aux pères provinciaux, définiteurs et gardiens ce qu'ils avaient à faire, leur signalait les amis de leur ordre, les protestants disposés à se convertir, employait à son but les commissaires chargés de la surveillance des démolitions, l'influence des grandes familles du pays [5]. Par exemple, il obtenait de Claude de Hautefort [6], vicomte de Lestrange, si puissant en Vivarais, la promesse d'entretenir à ses frais une mission de capucins aux environs de Privas et dans les Boutières et le rendait en quelque sorte responsable de l'orthodoxie des nouveaux habitants admis, sous

qui lui etoient rebelles, il y sera etabli une mission des PP. cap... enjoignons à cette fin aux consuls et habitants de Sauve, du Vigan et Ganges d'admettre... le R. P. Cherubin avec tout honneur et respect et une mission de [le chiffre en blanc] capucins de la province d'Aquitaine et leur pourvoir d'une maison propre pour y celebrer le service divin, attendant que lesd. PP. cap. aient fait édifier une église et couvent; voulant que, pour le construire, lesd. consuls et habitans fassent mettre à part des démolitions de leurs fortifications la quantité de pierres... nécessaire, » etc. Arch. de l'Hérault. Capucins de Ganges. H.

[1] Arch. du Gard, G. 121.

[2] Ce fut aussi sous les auspices du nouvel évêque de Mende, Sylvestre Cruzy de Marsillac que s'établirent les missions de son diocèse.

[3] Lepré Balain, *Biographie.*

[4] Arch. dép. de la Lozère, série G.

[5] Le P. Joseph au Père gardien des PP. capucins de Montpellier. Pezenas, 5 août [1629]. Cette lettre, publiée par M. Germain et collationnée par nous aux archives de l'Hérault, n'est pas autographe, comme l'a cru l'éditeur, mais de la main du P. Ange de Mortagne.

[6] Ce personnage fut décapité pour avoir pris part en 1632 à la guerre civile provoquée par Gaston d'Orléans. Avenel, IV, 353.

son contrôle, à venir repeupler la ville [1]. C'est au Père Joseph qu'étaient adressés les rapports des protestants aux gages du roi sur ce qui se passait dans les assemblées de leur parti et sur les dispositions de leurs coreligionnaires. Il fut également fort écouté et par conséquent fort recherché à l'occasion de la distribution des faveurs accordées aux convertis [2]. C'est lui qui, avant que Richelieu eut quitté Montauban (22 août 1629), fit nommer les commissaires chargés de surveiller le démantellement des villes protestantes, de visiter les églises, de s'occuper de leur réparation et de leur reconstruction et de restituer au clergé ses revenus ; c'est lui qui, dans des mémoires détaillés, leur donna leurs instructions [3]. Plus tard, quand les intendants héritèrent de la tâche de ces commissaires, ce fut encore avec lui que ces nouveaux agents se concertèrent à ce sujet [4].

Précédée par une campagne victorieuse, animée par le ressentiment de l'oppression subie, la propagande ne pouvait se maintenir dans les limites de la modération. Elle ne se borna donc pas aux moyens propres à exalter la dévotion catholique, à frapper l'imagination populaire : prédications en plein vent et dans les halles [5], érection solennelle de croix de mission, prières des quarante heures [6], controverses avec les ministres dans les temples mêmes où ils venaient de se faire entendre. Depuis longtemps les assemblées du clergé votaient un fonds de secours et de gratifications destiné aux nouveaux convertis [7]. Un crédit fut ouvert dans le même but sur le trésor royal [8]. Les religion-

1 Le Père Joseph au P. Aquilin, supérieur de la mission de Villeneuve-de-Berg. Montpellier, 29 juillet 1629. *Rech. hist sur Villeneuve-de-Berg* par l'abbé Mollier. Avignon, 1866, in-8°, Append.

2 Lepré Balain. *Biographie.* Le Masuyer à Richelieu. 14 mai 1630. *Inédit.*

3 Lepré Balain. *Biographie.Relation précitée.* Son beau-frère, le baron de Saint Etienne, fut l'un de ces commissaires et, ce semble, le principal.

4 Lepré Balain. *Ubi supra.*

5 Sur l'alarme causée aux protestants par ces prédications, voy. une lettre de Rohan au roi. 8 nov. 1620 dans *Actes de l'assemblée générale des Eglises réformées de France* p.p. An. de Barthélemy. Notice hist. p. XXVI.

6 Sur les prières des quarante heures voy. notamment bref d'Urbain VIII aux capucins d'Outre-Mont, 4 août 1625. Lettre de Larrier de Laffretière, cons. au grand conseil, à Loménie. Angers, 7 février 1626. Bibl. Inguimbert. Coll. Peiresc (XX fol. 423.)

7 Ubaldini à Borghese. Paris, 13 février 1614. *Inédit.*

8 Epîtres mss. du P. Joseph aux calvairiennes. Le P. Athanase à Richelieu. Paris, 22 sept. 1628. *Inédit.*Compte de l'argent employé par le ministre

naires de marque, ministres, gentilshommes traitaient avec le clergé convertisseur du prix de leur apostasie. Le 5 août 1627, un capucin dont nous avons déjà parlé, le Père Athanase [1], écrit à Richelieu [2], que le marquis de La Caze, ancien colonel général de la cavalerie protestante, a promis de se faire catholique si on lui accorde ce qu'il a demandé. Le marquis offrait d'user de son influence pour maintenir dans le devoir un grand nombre de villes et de gentilshommes et d'enrôler au service du roi autant d'infanterie et de cavalerie que l'on voudrait. Il se faisait fort aussi de gagner une foule de ses amis, dont il donnait les noms. Le 12 août [3], il abjurait entre les mains du capucin. « J'espère l'entendre au sacrement de pénitence, écrivait celui-ci à Richelieu, lorsqu'il vous plaira m'envoyer ce que porte le mémoire que je vous présente... J'ai mis la pension à 6,000 livres... » Dans le même mémoire, il engageait à faire des propositions au marquis de Malauze, qui se convertit en effet plus tard, au sieur de Montesprou, président à Béziers, au sieur Bacalan, avocat général à la Cour d'Agen, au sieur de Vivan, conseiller à la Chambre de l'édit dans la même ville, au sieur de Favas, au lieutenant-général de Saint Jean d'Angely, à d'Escorbiac, lieutenant-général de Montauban, au sieur de Boissonade, premier consul de Montauban, pour lequel il demandait l'ordre du Saint-Esprit lorsqu'il ferait profession publique de catholicisme. Tous ces protestants étaient en réalité des catholiques secrets, qui n'attendaient pour se déclarer que la réalisation des promesses faites par le P. Athanase.

A la séduction se joignait la contrainte. Elle n'était pas encore, comme sous le règne suivant, érigée en système ; le principe de la tolérance était, au contraire, reconnu et proclamé ; mais, comme tant d'autres, il fut souvent violé par la passion et le sophisme. Il est triste de le dire, une propagande patronée par un homme aussi tolérant d'intention que Richelieu [4], en arriva plus d'une

Codur à gagner ses coreligionnaires, *Inédit*. Marillac à Richelieu. 16 août 1629. *Inédit*. Avis de Richelieu au roi. 28 avril 1629. Avenel, III, 290.

1 Sur le P. Athanase, voy. notamment la correspondance imprimée de Bentivoglio et la correspondance ms. de Corsini à la bibliothèque Corsinienne.

2 *Inédit*.

3 Le P. Athanase à Richelieu. Du couvent de Saint-Honoré à Paris. 12 août 1627. *Inédit*

4 Voy. les hommages rendus par Richelieu au principe de la tolérance

fois à fournir des précédents aux violences qui annoncèrent et accompagnèrent la révocation de l'édit de Nantes. Une lettre [1] du Père Joseph semble indiquer que, dès cette époque, on eut recours à la séparation des enfants pour arracher des conversions et que ce moyen eut l'approbation de Richelieu. « Je vous prie d'assurer M. de Mirabel, écrivait le Père Joseph au P. Aquilin, supérieur de la mission de Villeneuve-de-Berg, que le cardinal me demande souvent de ses nouvelles, et s'il n'a point fait encore ce qu'il lui a promis et qu'à l'heure même on lui rendra son fils, ce que l'on ne fait par rigueur mais pour le désir que l'on a de procurer par ce moyen le bien temporel du père et du fils, ce qu'ils doivent prendre pour témoignage de la bonne volonté que l'on a pour eux, car lors il sera bien facile de les employer en quelque bonne occasion. » Les missionnaires étaient quelquefois accompagnés de soldats qui vivaient aux dépens des religionnaires rebelles aux exhortations. Le Père Bonaventure d'Amiens se faisait suivre de vingt soldats, taxait à neuf ou dix écus par jour les protestants récalcitrants et, faute de paiement, saisissait bétail et mobilier [2]. Ces procédés étaient, il est vrai, probablement exceptionnels, car celui qui les employait était obligé de se défendre contre les plaintes et les accusations qu'ils soulevaient [3].

Le zèle officieux et local fut secondé par des mesures générales et officielles de nature à entraver le développement du protestantisme ou même à menacer sa situation acquise. En 1627, le gouvernement supprima la subvention annuelle de 200,000 livres par laquelle il avait contribué jusque là à l'entretien des ministres, des académies et des collèges de la religion prétendue et, si en 1631 ces établissements reçurent encore une allocation de 60,000 livres, ce fut la dernière fois que les protestants furent l'objet des bienfaits du roi [4]. Dès 1623, l'exercice du ministère

dans ses instr. à Schomberg de 1616 (Avenel, I, 225), dans la lettre circulaire du roi aux parlements 21 mars 1629 (Avenel, III, 260), dans une lettre à Le Masuyer 1er juillet 1629 (III, 364).

1 Fontainebleau, 10 oct. 1629. *Rech. hist. sur Villeneuve-de-Berg.*

2 *Chronique de Maugnio*, p. p. Germain, p. 56. Sur ce personnage. voy. encore notamment Verbal des États de Languedoc assemblés à Toulouse en mars 1626, Arch. de l'Hérault.

3 Récit véritable de la conversion générale des villes et villages de Saint Paragoire, Pleissan. etc. par le P. Bonaventure d'Amiens.

4 Mémoire du ministre Codur. Nous avons publié ce mémoire dans le

pastoral avait été interdit aux ministres étrangers [1]. Cette interdiction, il est vrai, ne fut jamais exactement respectée; en 1634, les ministres génevois Courant et Rousselet prêchaient à Anduze, et à Nîmes, où l'on comptait encore un ministre suisse, nommé Chauve, la communauté protestante de Louvriac avait pour pasteur un allemand nommé Orlet [2]. Mais il n'y avait là qu'une tolérance, à laquelle le pouvoir discrétionnaire des autorités locales, toujours plus soumises au fanatisme ambiant, pouvait mettre un terme : c'est ainsi qu'en cette même année 1634, le ministre écossais Home, établi près d'Orléans, se vit, en qualité d'étranger, contester le droit d'exercer le ministère [3]. Il fut défendu aussi aux pasteurs de porter la parole de Dieu dans les villages voisins de leur résidence et que, sous le nom d'*annexes*, ils essayaient de comprendre dans leur ressort pastoral; cette défense était conforme à l'esprit des édits qui n'envisageaient pas la liberté de conscience et de culte comme un droit individuel, mais qui la localisaient, pour ainsi dire, en l'attachant à certains centres où existait une agglomération dissidente; mais il en résultait pour le protestantisme une grande difficulté à se propager et pour les petits groupes isolés de ses sectateurs la perspective de s'éteindre. Aussi contraire au prosélytisme des ministres qu'aux besoins spirituels des fidèles, elle dut être fréquemment renouvelée et, sous le ministère de Mazarin, elle l'était encore [4], ce qui prouve que, pas plus que la précédente, elle ne fut rigoureusement appliquée. Enfin une dernière mesure, équitable celle-là, en introduisant les catholiques dans les consulats, d'où ils avaient été jusqu'alors exclus et qui devinrent dès lors mi-partis, vint donner à la minorité orthodoxe de certaines villes une garantie de plus contre l'arbitraire que la majorité protestante avait exercé jusque là [5].

Bulletin du protestantisme français. Arnaud, *Hist. des protestants de Provence*, I, 387.

[1] Pesaro au doge. 9 oct. 1623. *Inédit.* Rohan à La Miletiere. 14 juin 1627, dans l'invent. des papiers saisis sur La Miletiere. *Inédit.*

[2] Arch. dép. de la Lozère, série G.

[3] Dep. de de Vic et d'Augier. Fontainebleau, 14/24 mai 1634. *Record office. State Papers. France.*

[4] Déclaration du roi portant défense aux ministres de prêcher aux lieux qu'ils appellent annexes, 2 décembre 1634. Renouvelée le 5 janvier 1635. Felice, *Histoire des protestants de France*, p. 346-347. Arch. du consistoire de Nîmes. Registres des délibérations, 14 nov. 1638.

[5] Gachon, *Les Etats de Languedoc et l'édit de Béziers*, p. 20.

Faut-il donc retirer à Richelieu le renom de tolérance que l'histoire lui a fait en l'opposant à Louis XIV ? Ce serait aller trop loin. A la vérité, Richelieu n'a pas vu seulement dans les protestants, comme on est trop porté à le croire, un parti politique à désarmer, mais aussi une secte religieuse à convertir. Sous l'empire de cette dernière préoccupation, il a employé ou plutôt il a toléré des procédés auxquels devait entraîner, au lendemain d'une guerre civile, l'ardeur des passions religieuses, auxquels d'ailleurs le pouvoir civil n'a pu se soustraire dans aucun temps, dès qu'il a voulu agir sur les consciences et pénétrer dans un domaine où il est radicalement incompétent. Le cardinal est donc entré dans la voie qui a conduit le grand roi à la révocation ; mais, retenu par la crainte et le respect de la pensée, de sa force incoercible et de sa force expansive, sentiments développés chez lui par le goût et l'habitude de la doctrine et de la discussion, retenu peut-être aussi par les ménagements dus à nos alliés protestants et par le souci absorbant de la lutte contre la maison d'Autriche, il s'est arrêté à temps et a su éviter l'écueil où devaient se heurter après lui, sans parler de Louis XIV, des gouvernements bien divers d'origine et d'esprit. Ce ne fut pas toutefois, on va le voir, sans avoir tenté d'amener par un sourd travail de désagrégation et de consommer par un coup d'autorité la réunion des dissidents à l'église nationale.

Il y eut beaucoup de conversions. Les unes furent remarquables par le nombre, d'autres par le rang des néophytes. Deux cent cinquante familles d'Aubenas se convertirent en moins de trois semaines. Le Père Bonaventure d'Amiens se vantait [1] d'avoir, en deux mois et demi, fait rentrer dans le giron de l'Église la population de Saint-Pargoire, de Plaissan, de Vendemian, de Pouget, de Cournonsec, de Cournonterral, de Poussan et de Balaruc. Beaucoup n'abjurèrent que des lèvres et non du cœur. En 1638, l'intendant de Languedoc ordonnait des poursuites contre les protestants qui, après avoir fait profession de catholicisme pour pouvoir épouser des catholiques, revenaient à leurs croyances primitives [2].

1 *Récit véritable*, etc , déjà cité.
2 Ordonnance de Miron et de Dupré, intendants de Languedoc. Montpellier, 28 avril 1638. Arch. de l'Hérault. Fonds des capucins de Lunel.

Le fanatisme huguenot, en effet, ne fut pas partout découragé par la disproportion de ses forces avec celles d'une réaction entreprise par un clergé militant, avec l'appui d'une administration bien puissante déjà. La restitution des églises et des cimetières ne s'opéra pas sans protestation, sans résistance. Des croix de mission furent renversées, des missionnaires outragés et menacés. A Ganges, à Sumene, à Saint-Laurent, à Montdardier, les métiers des tisserands catholiques furent brisés par les religionnaires. Les seigneurs de Montdardier et de Mandegou menacèrent de mort leurs sujets, s'ils se faisaient catholiques [1]. Mais, en somme, les faits relevés à la charge des protestants par des témoins fort peu indulgents, car c'est par les missionnaires capucins et le clergé des Cevennes que nous les connaissons, ces faits ne sont ni graves ni nombreux, eu égard à la brusque transformation qui s'opérait dans le pays et à l'irritation produite sur la population protestante par le zèle intempérant des convertisseurs.

On ne peut s'étonner que des religieux ulcérés par le ressentiment des souffrances de leurs coreligionnaires, engagés avec ardeur dans une campagne de propagande, aient ressenti et dénoncé avec indignation des faits inséparables d'une révolution dans les consciences et les habitudes et jusqu'à l'exhérédation des enfants convertis par leurs parents restés protestants, mais il ne faudrait pas juger d'après ces plaintes les rapports des capucins et des huguenots. Il y avait longtemps que les capucins étaient connus comme les missionnaires les plus propres à dissiper les préventions des huguenots contre le catholicisme. Ils ne démentirent pas dans les missions du midi la réputation qu'ils s'étaient faite dans celles de l'ouest. En Languedoc comme en Poitou, la raideur calviniste fut amollie et conquise par la bonhomie et la cordialité de ces humbles enfants de saint François. Logés chez l'habitant, en attendant la construction d'un couvent dont les matériaux furent souvent fournis par les places fortes ruinées de l'hérésie [2], ils devenaient les hôtes familiers de la

[1] Arch. dép. de la Lozère, série G.

[2] «.... le roi Louis XIII ayant ordonné, par arrêt de son conseil, de démolir quelques forteresses du Dauphiné en l'année 1633, celle de Puymore [qui commandait la ville de Gap] y fut comprise..... de façon que ledit frère Humble s'aida beaucoup à la démolir et nous [les capucins de Gap] avons tiré

maison, faisaient luire dans des esprits assombris par une foi tout intérieure la lumière d'une religion qui rit à l'imagination et aux yeux et obtenaient des aumônes pour le soutien de leur œuvre [1].

Les conversions individuelles et collectives étaient, aux yeux de Richelieu et du Père Joseph, le prélude d'une conversion générale. Chez Richelieu, cette idée remontait au siège de La Rochelle, sinon à une époque antérieure. En 1628, il exprimait la conviction qu'avant deux ans il n'y aurait plus de Huguenots en France [2].

D'où lui venait cette confiance qui, un an après, ne pouvait que s'être fortifiée ? Les intérêts temporels qui avaient fait en grande partie la force de la réforme en France, autonomie locale, indépendance aristocratique, n'existaient plus. Le protestantisme n'avait plus, pour sauvegarder son intégrité, que ses doctrines théologiques, ses mœurs particulières, le ressentiment de sa défaite. Etait-ce assez pour le défendre contre la séduction des faveurs, contre la crainte des tracasseries, contre le prestige d'une monarchie de plus en plus populaire, contre la fusion

quantité de pierres tant de taille que de maçonnerie... et autres matériaux de la démolition, qui ont beaucoup aidé à l'achèvement de notre eglise et couvent... » Livre ms. des archives du couvent des capucins de Gap. p. 212-213. Communiqué par le R. P. Emmanuel de Lanmodez.

1 « Je ne vous pourrois dire l'avantage que reçoit la France et l'Eglise de voir toutes les villes rebelles en l'obéissance du Roy et de travailler à la démolition de toutes leurs forteresses et de tout ce qui les pourroit porter à une nouvelle rebellion. Le Roy est devenu maistre en six sepmaines de trente villes, plusieurs desquelles étoient aussi fortes que La Rochelle, et sans sa venue ce pays icy, qui contient la sixième partie de la France, n'estoit non plus à luy ny n'estoit pas moins esloigné de l'Eglise que la Turquie. L'importance est que plusieurs se convertissent et que, dans tous ces lieux là où les Eglises sont abattues, la foy s'y retablit..... par de pauvres religieux..... logeant chez les hérétiques, qui leur font l'aumosne et se convertissent avec joye et simplicité de cœur. J'ay logé souvent chez eux et ils m'ont tesmoigné autant d'amitié que pouvaient faire nos plus proches parens. » Le P. Joseph à une calvairienne. Montpellier, 22 juillet 1629. *Inédit*. Le P. Adrien à l'évêque de Mende. Saint Etienne, 15 mars 1632. Arch. de la Lozère «..... da gli Eretici sono sentiti volentieri i Padri Capp. » Instruction donnée au nonce Spada par le card. Fr. Barberini, 1624. *Inédit*.

2 « ..... lequel m'a dit avoir ouï dire à M. le cardinal qu'il s'assuroit qu'avant qu'il fut deux ans, il n'y auroit plus de Huguenots en France. » La marquise de La Force au marquis. 31 déc. 1628. *Correspondance de la maison de La Force*, III, 301.

qui, par les alliances de famille, par la solidarité des intérêts privés, devait s'opérer entre la religion de la majorité et celle de la minorité au profit de la première et aux dépens de la seconde ? Celle-ci paraissait destinée à être peu à peu, sous ces diverses influences, entamée, réduite, absorbée.

Mais cela ne suffisait pas à Richelieu et au Père Joseph. Le premier voulait avoir l'honneur de ce résultat et il voulait l'obtenir par une sorte de coup de théâtre. Tous deux appelaient et préparaient le moment où les ministres, députés par les synodes, se rencontreraient dans une conférence solennelle avec les représentants du catholicisme et, après une discussion courtoise, arrangée d'avance, proclameraient la réunion de leur église à l'église nationale. Des mémoires contemporains portent à quatre-vingts le nombre des ministres gagnés à ce projet [1]. En Languedoc seulement, il y en avait trente-un : le Père Joseph en avait dressé la liste. La pudeur de l'histoire a jusqu'ici dérobé cette liste à nos recherches. Sa découverte ferait peut-être rayer du livre d'or du protestantisme plus d'un nom vénéré. Ce n'est pas avec la prétention d'y suppléer que nous signalerons ceux de quelques ministres que Richelieu et le Père Joseph pouvaient considérer comme des auxiliaires de leur entreprise. Parmi eux il y en avait dont la conversion avait été publique, d'autres dont elle était restée secrète. Sans distinguer entre les uns et les autres, nous nommerons Jérémie Ferrier, qui touchait une pension de 6,000 livres [2], Jean Nouvelly [3], Varin [4], Rudavel [5], La Deveze [6], Josué Barbier [7]. En 1630, le ministre de Caussade correspondait en termes convenus avec le Père Joseph, était l'agent du président Le Masuyer, et essayait de gagner ses confrères de Toulouse et de Montauban [8]. Dulaurens, pasteur d'Aimargues, ne s'était pas seulement converti, il n'était pas seulement devenu le pension-

1 Elie Benoit, *Hist. de l'édit de Nantes*, II, 513.

2 Voy. une quittance de lui du 16 nov. 1621, dans le *Bulletin de la société de l'histoire du protestantisme franç.*, année 1856, p. 475.

3 Arch. de l'Hérault. Pièces relatives aux comptes du trésorier de la bourse pour 1628. Série G.

4 Arch. des aff. étrang. France, 786, f. 11 (1627).

5 Le P. Andeol de Lodeve, *Advis amiables, donnés à ceux de la R. P. R.* 1637, p. 114.

6 Arch. dép. de la Lozere, série G.

7 *Bulletin* précité, année 1855, p. 564.

8 Le Masuyer à Richelieu, Toulouse. 14 mai 1630. *Inédit.*

naire du clergé ; il entra lui-même dans les ordres, rédigea, pour Richelieu et sous ses yeux, le plan des controverses qui devaient faire l'objet des conférences entre les ministres des deux religions et mourut oratorien [1]. Sans abandonner ouvertement, que nous sachions du moins, le protestantisme, le sieur de Lare, ministre de Calvisson, et Le Sage, ministre de Nages, reçurent des gratifications du roi, et ce fut aux dépens de leur communion qu'ils les méritèrent [2]. Nous avons retrouvé des reçus de François Petit, ministre à Nîmes et de Daniel Peyrol, qui paraît avoir exercé le ministère évangélique dans la même ville [3] ; ce qui prouve que le concours du premier à la tentative de réunion ne fut pas aussi désintéressé que l'a cru Elie Benoît [4]. Il faut en dire autant de Philippe Codur, qui fut successivement pasteur à Gignan, à Montpellier, à Nîmes et professeur de théologie et de langue hébraïque dans les académies de ces deux dernières villes ; Codur fut le champion persévérant de l'union des églises, car, plusieurs années après la mort du Père Joseph et de Richelieu, en 1645, il écrivait encore en faveur de cette cause [5] ; peut-être, en la servant, obéissait-il à une conviction, mais ce n'était pas du moins sans en tirer profit. Il touchait des gratifications du roi, il en distribuait une partie à des confrères qui partageaient ses sentiments et ses vues [6] ; il faisait plus : il adressait à Richelieu des mémoires où il exposait la méthode à suivre pour faire réussir le projet du cardinal. L'un de ces mémoires nous a été conservé : l'auteur y indique les trois moyens les plus efficaces, à ses yeux, pour affaiblir la religion protestante, ruiner son organisation indépendante, l'amener à une abdication au profit de l'église catholique. Le grand mal pour Codur, c'est le pouvoir absolu des synodes généraux qui révoquent, suspendent et récompensent à leur gré les ministres et par là les tiennent entièrement dans leur dépendance. Il faut, d'après lui, faire mettre le clergé évangélique sous la juridiction des présidiaux et

1 Voy. son article dans *La France protestante*.
2 Compte précité de Philippe Codur.
3 Arch. des aff. étrang. France, 794, fol. 37, 39.
4 II, 514.
5 Voy. sur Ph. Codur les papiers de M. Auziere à la bibl. de l'histoire du protestantisme français et le mémoire publié par nous dans le *Bulletin de l'histoire du protestantisme*.
6 Arch. des aff. étrang. *Ubi supra*.

des chambres mi-parties, où l'on s'assurera le majorité en gagnant un ou deux conseillers protestants. Il faut également retirer aux synodes généraux la répartition de la subvention de 200,000 livres accordée par le roi aux ministres du culte évangélique et l'attribuer à celui-ci, qui en aura le mérite et s'en servira pour se faire des créatures [1]. Codur paraît avoir réussi à dissimuler à ses coreligionnaires ses intelligences avec Richelieu, mais son attitude équivoque finit par le faire interdire du ministère pastoral [2]. Bien plus encore que Codur, Théophile Brachet de La Miletiere se voua à défendre devant l'opinion publique la cause de la réunion des églises. Après avoir attisé dans le parti par sa plume et par sa conduite, le désir de la résistance et avoir payé ce rôle de boute-feu d'une condamnation à mort commuée en un emprisonnement, il sortit de prison au bout de quatre ans avec des sentiments tout différents, qu'une pension de 1,000 écus contribue à expliquer. Avant même d'avoir recouvré la liberté, en 1628, il inaugura en faveur de la réunion, par sa *Lettre à M. Rambours, ministre de l'Évangile,* une campagne qui devint de plus en plus vive, de plus en plus hardie à chacune de ses publications postérieures. En 1645 il fut excommunié et abjura pour se faire catholique [3].

Le cardinal et le capucin crurent trouver dans le synode provincial qui se réunit à Charenton, en août ou septembre 1631, l'occasion favorable pour surprendre l'adhésion du corps évangélique au catholicisme. Deux dépêches du nonce, qui avait reçu leurs confidences à ce sujet, nous mettent au courant des procédés employés pour arriver à ce résultat, puis à l'extirpation radicale de l'hérésie. La corruption et l'intimidation furent mises en usage auprès des ministres les plus influents ; elles réussirent auprès d'une trentaine. Ceux-ci s'obligèrent par écrit à faire tout ce que leur commanderait le cardinal et à embrasser la religion orthodoxe. Cette majorité une fois conquise devait, d'après le plan de Richelieu, avoir avec un certain nombre de religieux une conférence dont la marche et

[1] Mémoire précité de Codur. Richelieu adopta entièrement les procédés recommandés par Codur. Voy. *Maximes d'État et Fragments politiques*, p. p. G. Hanotaux, n° CXXXVIII.
[2] Papiers Auziere. Tallemant, *Hist. de La Miletiere*.
[3] Art. de *La France protestante*.

le résultat seraient réglés d'avance ; puis, après y avoir reconnu et désavoué son erreur, obtenir du reste du corps pastoral la même rétractation. L'exemple des pasteurs entraînerait les fidèles. Mais ce mouvement ne pouvait naturellement pas être unanime : un certain nombre de ministres persisteraient dans leurs erreurs ; ceux-là on les traiterait comme des perturbateurs du repos public en s'autorisant de la décision et de la conduite des autres. Les moyens employés pour obtenir les conversions parmi les ministres et les fidèles ne furent pas différents de ceux que l'on mit en œuvre pour frapper le coup final ; l'aveu que Richelieu a fait de ces derniers autorise à le rendre en partie responsable des abus dont les missionnaires et les corps constitués s'étaient auparavant rendus coupables. Il est évident que Richelieu et le Père Joseph envisageaient la conversion comme une œuvre d'autorité en même temps que de persuasion.

Pourquoi le plan combiné par le cardinal et le capucin ne fut-il pas exécuté ? pourquoi le coup de théâtre si longtemps préparé à l'avance et si conforme au goût de Richelieu pour tout ce qui frappe l'imagination, ne se produisit-il pas? Le nonce ne l'explique pas en détail, mais il nous le fait assez comprendre en disant que ce dessein échoua parce qu'il avait été éventé trop tôt. Il s'en console en constatant que du moins la pression exercée par Richelieu a servi à faire proscrire par l'assemblée le langage injurieux dont usaient les protestants à l'égard du pape et des catholiques. L'agent apostolique n'avait accueilli d'ailleurs qu'avec une certaine méfiance le projet du ministre et du religieux ; à ses yeux, et il pensait en cela comme le Saint-Siége, la réconciliation des deux religions ne pouvait être que le résultat de l'abjuration pure et simple des hérétiques; le seul rôle digne de l'Église ne pouvait être que celui d'une mère ouvrant ses bras à des enfants égarés et repentants[1]. Il pou-

1 « Qui si preparano gli Ugonotti per la loro assemblea provinciale a Ciarenton. Il P. Giuseppe mi accennava che pensassero di promovere trattato di unione di religione, mostrandosi egli persuaso che cio fusse bene. Io pero gli ho risposto liberamente non trovar apertura d'altro negotio con loro sopra le religioni se non che lascino la loro come falsa et abbraccino la nostra come buona e vera e non dandosi in cio altro mezzo termine et essendo scandalosa per conseguenza ogni altra proposta.» Le nonce au card.

vait craindre que, pour assurer le succès de son entreprise, Richelieu ne demandât au souverain pontife certains sacrifices sur la discipline ou même sur le dogme. Il craignait certainement qu'il ne lui présentat sa nomination de legat *a latere* en France comme un moyen de faciliter la conversion générale des dissidents. Richelieu n'était pas homme à ne pas stipuler le prix du service qu'il se préparait à rendre à l'Église, de ceux qu'il méditait de lui rendre encore : après les protestants, il voulait abattre le gallicanisme ou, du moins, un certain gallicanisme, ce qu'on appelait, du nom de son fondateur, le *richerisme*. De l'autorité pontificale, agrandie par ses soins, il ambi-

secrétaire d'Etat. Paris, 8 août 1631. *Inédit*. Archives du Vatican. « Circa l'assemblea eretica il s. card. di Rich. con questa occasione ha fatto strettamente negotiare con buona parte de ministri piu precipui venuti qua per guadagnarli e respettivamente con danari, promesse e minaccie ha operato che circa trenta di loro si soscrivino et oblighino a far quanto S. E. commandera loro e di indursi alla vera religione. L'intentione del card., per quanto mi significa, era che, in congiontura di questa assemblea, la maggior parte de ministri intervenienti, cattivata da lui e fattasi una previa conferenza concertamente con alcuni religiosi, venisse poi a disputa con gli altri de suodi et in fine concludesse trovar molti errori nella loro religione, e pero esser necessario di abbandonarla, come in effetto l'abbandonassero e venissero alla vera e cattolica e con tal risolutione et essempio tirassero ancora di poi li popoli per proceder poi contro gli altri ministri contumaci, come perturbatori della publica quiete contro la risolutione della maggior parte, e osa che reuscita saria stata di ottima conseguenza. Ma scopertasi da gli altri troppo per tempo si è interrota la commodità di effettuarla. Non ha mancato pero di qualche frutto, perche si sono cosi impedite molte loro proposte e se ne sono risolute alcune altre contro il loro stilo, come di non dichiarar piu il Papa Antichristo ne gli cattolici idolatri, ma parlar di S. S. e di loro con rispetto, sopra che si è fatto publico decreto con prohibitione del contrario. In questa occasione ho havuta qualche causa di sospettare che fra tali negotiationi non se n'inserisse un' altra di domandar un legato in Francia e necessitare la S. Apostol. a farlo con mostrare che la piu parte degli heretici di queste parti in tat congiontura si ridurriano alla religione cattolica. Al che, se bene fusse forse mio semplice sospetto, ho stimato bene interporre qualche diligenza per ovviare, si come ho fatto, et anche questo negotio resta assai accommodato. » Le même au même, Paris, 13 sept. 1631. *Inédit. Ibid.* « La conversione e destruttione degli Ugonotti è la piu grande attione che possa fare il Re e il s. card. di Rich. ma il ripiego che pensano di pigliare, non so quanto sia sicuro mezzo per arrivarvi et almeno non so come vi possa metter mano ne a persuader lo ne á consigliarlo un ministro apostolico, non approvando i Papi che si discuta sopra la religione, se non in concilii generali o in altri conventi instituiti per auttorita delle S. Ap. » Le card. secrétaire d'Etat au nonce Bichi. 6 nov. 1632. *Inédit.*, *Ibid.* Bagni au card. Barberini. Suse, 3 avril 1629. *Inédit.* Barb. LXIX, 60, fol. 42 v°.

tionnait de se faire attribuer par la papauté elle-même une partie. Il désirait beaucoup obtenir, comme abbé de Cluny, la faculté de conférer en commende les bénéfices dépendant de cette congrégation, et le nonce appuyait cette prétention [1]. On a même dit qu'il visait plus loin qu'à l'érection d'une légation perpétuelle en France, qu'il aspirait à rendre notre pays indépendant du Saint-Siège, à le placer sous l'autorité d'un patriarche, qui ne serait autre que lui même [2].

L'idée d'établir dans le royaume l'unité religieuse survécut à l'échec que nous venons de signaler et le Père Joseph en resta jusqu'à sa mort le plus zélé représentant. Après lui, ce fut un jésuite, le Père Audebert, qui se mit à la tête de cette entreprise [3]. En 1645, un de ceux qui l'avaient le mieux servie, le Père Dulaurens, pressait encore Mazarin de la mener à bien. Conçue sous Henri IV, résolue et commencée par Richelieu, elle fut en partie accomplie le jour où l'omnipotence de la royauté, le vertige du pouvoir absolu, la pression de plus en plus grande de l'opinion firent croire à Louis XIV qu'elle était facile et opportune.

1 Bagni à Barberini. Suse, 6 mai 1629. *Inédit*. Barb. LXIX, 60.

2 Louis de Rechignevoisin de Guron à Baluze. Toulouse, 4 mai 1681, dans Tamizey de Larroque, *Quelques pages inédites de Louis de R. de G.* Tulle, 1885. Rusdorf à Oxenstierna. Paris, 26 janv. 1630. *Mém. et négoc. secrètes de M. de Rusdorf*, II, 760. *Mémoires de Montchal.*

3 Elie Benoit, II, 516.

No 593. — Bruxelles, imp. A. Vromant et Cie, 3, rue de la Chapelle.

www.ingramcontent.com/pod-product-compliance
Lightning Source LLC
LaVergne TN
LVHW050543100826
845148LV00002B/660

* 9 7 8 2 0 1 2 6 8 8 8 6 5 *